GUSTAV KLIMT

ZU GAST BEI

GUSTAV KLIMT

Collection
Rolf Heyne

JOACHIM NAGEL ISOLDE OHLBAUM

ZU GAST BEI

GUSTAV KLIMT

COLLECTION ROLF HEYNE

Inhalt

EIN LEBENSKÜNSTLER IM WIEN DES FIN DE SIÈCLE

Wien, 25. Juni 1912, vormittags halb zehn. Nach heiteren Tagen mit blauweißem Himmel herrscht heute leichter Nebel, ein zarter Dunst eher, der das Sonnenlicht noch erahnen und die Rasenflächen des Schönbrunner Parks sattgrün schimmern lässt. Die angenehme Frische des Sommermorgens scheint auch die Schritte eines Passanten zu beflügeln, der sich von Osten her der Gloriette nähert, kurz innehält (bei klarem Wetter hat man von dort einen superben Blick auf das Panorama der Stadt) und zielstrebig seinen Weg fortsetzt. Der Mann, der voller Elan seinem Atelier in der Feldmühlgasse zustrebt, ist die dominierende Gestalt der damaligen Wiener Kunstszene: der Maler Gustav Klimt.

Sein Frühstück nimmt er stets in der dem Schlosspark benachbarten Meierei Tivoli ein – wie an diesem Junitag, wo er sich wieder an Kaffee, Gugelhupf und reichlich Schlagobers gelabt und nebenbei seine Korrespondenz erledigt hat:

«TIVOLI trüb regnerisch hie und da kleine Tropfen. Seit Sonntag ist in Wien eine herrliche Luft. Gestern bei Roller gewesen – späte Heimkunft – heute etwas ‹halbierter› Zustand (...). Herzlichste Grüße GUS»

Adressatin der Impression ist Klimts Lebensgefährtin Emilie Flöge, zur Erholung in Badgastein weilend und erfahren im Entziffern seiner Bleistift-Hieroglyphen ... Klagen über einen «halbierten Zustand» (hier Ergebnis des Zechens mit seinem Künstlerkollegen Alfred Roller) sind ihr gleichfalls bestens vertraut – so entfaltet sich, begleitet von verständnisvollem Lächeln, vor ihrem inneren Auge das Bild des opulenten Morgenmahls im Grünen, das die Energie des Malers restauriert für einen langen Arbeitstag.

Während sie seinen Brief beantwortet, schweifen ihre Gedanken zum Atelier, inmitten eines von prächtigen Bäumen bestandenen, sorgsam mit Blumen bepflanzten Gartens gelegen. Wer hier an die gastliche Pforte klopft, dem offenbart sich eine aparte Spannung zwischen bürgerlicher Gediegenheit und Boheme. Der lichte Vorraum ist nach der neuesten Mode eingerichtet (d. h. im Stil der exklusiven Wiener Werkstätte): Schrank, Tisch und hochlehnige Stühle aus dunklem Holz, als Kontrast ein geometrisch ornamentierter Teppich, an der Wand japanische Farbholzschnitte. Auf dem Boden sind achtlos zahlreiche Zeichnungen verstreut, auf denen sich nonchalant einige Katzen räkeln ... Durch einen weiteren Nebenraum gelangt man schließlich in die «Werkstatt», die eigentliche Wirkungsstätte des Genies.

VORHERGEHENDE DOPPELSEITE:
Blick über den Neptun-Brunnen auf das Mitte des 18. Jahrhunderts von Kaiserin Maria Theresia ausgebaute Schloss Schönbrunn.

GEGENÜBER:
Gustav Klimt am Attersee (Lumière-Autochrome-Platte von Friedrich Walker, um 1910).
Die apostelhafte Erscheinung des Künstlers im bestickten blauen Malerkittel war legendär und beeindruckte die Besucher seines Ateliers. Ein Exemplar dieser Gewänder befindet sich heute im Historischen Museum der Stadt Wien.

Dort ist der Hausherr, gewandet in einen leuchtend blauen Malerkittel, meist bis zur Dämmerung an der Staffelei tätig, feilt vielleicht gerade an einem Blumenmotiv mit markantem Kolorit oder legt letzte Hand an eines seiner erotischen Frauenbildnisse. Da auch die blühende weibliche Natur sich am besten nach gründlicher Anschauung auf die Leinwand bringen lässt, präsentiert auf dem Diwan ein graziöses Modell in freimütiger Pose seine Anatomie. Auf einem Tischchen stehen kleine Erfrischungen bereit: eine Flasche Schaumwein etwa und eine Schale mit Äpfeln. Neben einem «Obstgarten mit Rosen» entsteht in jenem Jahr 1912 auch ein «Apfelbaum» – den Glanzpunkt bildet allerdings erneut das Porträt einer Dame der Wiener Gesellschaft: «Adele Bloch-Bauer.» Diese exquisiten Geschöpfe rissen sich seinerzeit darum, von Klimt gemalt zu werden, seufzten allerdings über endloses Modellsitzen …

War Klimt in den Domizilen der betuchten Auftraggeberinnen mit den Vorskizzen beschäftigt und begehrte einen stärkenden Kaffee, wurde ihm dieser oft stilgerecht in Porzellan der Wiener Werkstätte gereicht – passend zum Mobiliar von derselben Adresse: eine Vision des Lebens als Gesamtkunstwerk … Lassen wir das sanfte Licht des Junitages auf dem Kleid der Hausherrin glänzen, die sich, mit lässigem Gestus eine Cigarette rauchend, von einem Besuch im Mode-Atelier der Schwestern Flöge erholt. Dies ist der Wirkungskreis von Klimts Freundin Emilie, die ebenfalls mit der Werkstätte kooperiert – eine Idealgemeinschaft der Schaffenden und Genießenden, wie sie nur das Wien des Fin de Siècle hervorbringen konnte.

Die österreichische Hauptstadt genoss zu Lebzeiten Klimts (1862–1918) eine Periode des Glanzes, bis der Erste Weltkrieg den Untergang des k.u.k.-Reiches besiegelte. Unter der Regentschaft des Kaisers Franz Joseph entstand die Ringstraße mit architektonischen Prunkstücken wie Rathaus, Parlament, Votivkirche und Oper. Literatur, Theater und Kunst florierten, und die Letztere trieb Blüten von internationalem Rang, seit sie sich (unter Führung Klimts) um die Jahrhundertwende vom historistischen Salon-Schwulst gelöst hatte und zu einer spezifisch wienerischen Ausprägung des Jugendstils gelangte.

So wie Klimt selbst ein echter Wiener ist! Der eine ganze Kunstperiode seiner Vaterstadt wie kein Zweiter vor und nach ihm prägt und ihr zeitlebens wie mit einer Nabelschnur verbunden bleibt. Mag er sie auch öfters beschimpfen («Wien ein Misthaufen!»), auf Reisen ins Ausland be-

Bildnis Adele Bloch-Bauer I. (Öl, Silber- und Goldauflage auf Leinwand, 1907, Österreichische Galerie Belvedere, Wien). Klimts erstes Porträt der reichen Salondame (mit der er vermutlich eine Liaison hatte) ist ein Glanzstück seiner von byzantinischen Mosaiken inspirierten «Goldenen Periode»: Bis auf Antlitz und Hände ist die weibliche Figur aufgelöst ins Abstrakt-Ornamentale, die Dominanz des Goldes sowie die Kostbarkeit ihres Gewandes und Geschmeides verleihen der Dargestellten die Aura einer exotischen Prinzessin. Die 1912 entstandene zweite Version ist hingegen geprägt vom intensiven Kolorit seiner späten Gemälde.

Klimt im Schönbrunner Schlosspark, auf dem Weg zu seinem Atelier in der Feldmühlgasse (um 1914).
Der obligatorische Spaziergang nach dem Frühstück führte den Maler am Aussichtspunkt der Gloriette vorbei, von wo aus er (bei guter Witterung) «das Erwachen des schlummernden Wien betrachtete» (Emil Pirchan).

fällt ihn schnell das Heimweh ... Was gewiss auch daran liegt, dass er ein im besten Sinne bodenständiger Mensch ist, aus dem einfachen Handwerkermilieu stammend und von geradliniger, unprätentiöser Gemütsart. Als erdverwachsen und vital erlebte ihn der Kunstkritiker Alfred Lichtwark:

«Er ist untersetzt, eher dick, Athlet, (...) hat lustige, derbe naturburschenhafte Manieren, die braune Haut des Seemanns, starke Backenknochen und flinke kleine Augen. Vielleicht um sein Gesicht länger zu machen, trägt er über den Schläfen das Haar etwas zu hoch. Das ist das einzige, das entfernt auf ein mit Kunst befaßtes Individuum deutet. Wenn er spricht, tönt es laut, und mit starkem Dialekt. Er neckt gern und kräftig.»

Klimt verleugnete nie den Naturburschen, selbst als gesuchter Porträtist der Haute volée und Weggefährte der künstlerisch-geistigen Elite Wiens (darunter der Architekt Josef Hoffmann und der Schriftsteller Arthur Schnitzler, der mehrere seiner Zeichnungen besitzt), und ließ beim Essen stets den unbefangenen Genießer erkennen:

«Er nahm mit sichtlichem Behagen seine üppige Abendmahlzeit, stets zwei bis drei Portionen von jedem Gericht, und war er bei Freunden geladen, so wurden für Klimt immer zwei Platten mehr bereitgestellt.»

Waren solche Mengen wirklich unerlässlich für ein «feines Nachtmal», wenn Klimt es etwa «äußerst hungrig» seine Emilie anzurichten bittet? Während der Arbeit im Atelier soll er sich meist mit ein wenig Obst begnügt haben! Ähnlich wie in einem weiteren Bereich des Genießens – nämlich, mit wie vielen und welchen Frauen er sich vergnügte – spinnt die Legende munter ihre Fäden im Spannungsfeld von Askese, Feinschmeckertum und Gourmandise.

Eben darum geht es im vorliegenden Buch: dem großen Künstler hier auf die Spur zu kommen und als magisches Zentrum seine individuelle Lebenskunst offen zu legen, die zugleich Frucht eines unverwechselbaren Nährbodens ist.

Im Gegensatz zu seinem Wiener Vorläufer Hans Makart oder den Generationsgefährten Franz von Stuck und Max Liebermann, die in München und Berlin als Malerfürsten repräsentierten und stattliche Villen bewohnten, ist Gustav Klimt weniger als Gastgeber in den eigenen vier Wänden von Interesse. Der Blick richtet sich bevorzugt auf jene bewegte Künstlergeselligkeit, die ihn schon morgens beim Frühstück, tagsüber in Ateliers und Kaffeehäusern und abends im Restaurant mit prominenten Gestalten des kulturellen Lebens zusammenführt. Als Epikureer und facettenreicher Neuerer der Malerei tritt er uns entgegen und zugleich als Schlüsselfigur des mythenumwobenen Wien um 1900. Wie dieses Wien die Jugend keineswegs nur als Stil, sondern als Lebenslust und geistigen Aufbruch ausstrahlt, damit beeindruckt er eines Abends gar den berühmten Auguste Rodin, bei diversen Bouteillen Champagner ... Da die beiden im Sacher-Garten, dem nobelsten Lokal des Praters, speisten, wird der verwöhnte Pariser auch diese Entdeckung gemacht haben: dass die Wiener Kochkunst der Zeit schon hoch entwickelt war.

Gustav Klimt, aus bescheidenen Verhältnissen zum gefeierten Künstler arriviert, kannte und schätzte sie in all ihren Nuancen, und so erwartet den Leser dieses Buches ein lustvoller Brückenschlag zwischen Kunst und Kulinaria, entfaltet in sieben Tableaus:

Im ersten scheinen die allgemeinen Konturen seines Daseins auf: Familie, Freundeskreis, Wohnstätten und Werdegang – ein Leben zwischen Anerkennung und Verfemung, Geselligkeit und Refugium. Dann tritt ein anmuti-

Zum reichhaltigen Skulptureninventar des Schönbrunner Schlossparks gehört auch diese Sphinx.

ges Weib im blauen Kleid auf den Plan: Emilie Flöge, gleichfalls künstlerisch begabt, eine Gefährtin von verwandter Wesensart. Klimts zahlreiche Briefe an sie vermitteln den Eindruck einer außergewöhnlichen Partnerschaft (und kleiner Schwächen eines großen Genies!).

Klimt war ein Maler der Frauen, daher widmen sich zwei weitere Abschnitte den «süßen Mädln» im Atelier und den vornehmen Damen im Salon – Repräsentantinnen eines heute längst anachronistisch wirkenden gebildeten Großbürgertums. Ein zentrales Anliegen ist zudem der Blick in die Wiener Kochtöpfe, verknüpft mit einem Spaziergang vor allem durch Lokale, die Klimt gerne besuchte – dass uns intensiv auch der Mythos des Kaffeehauses beschäftigt, versteht sich von selbst!

Anschließend nehmen wir uns Zeit, den Künstler und seine Entourage während der Sommerfrische am Attersee zu beobachten und erleben ihn als Landschaftsmaler, enthusiastischen Wanderer und Ruderer. Am Schluss richtet sich der Scheinwerfer gewissermaßen auf den Laufsteg (den es damals noch nicht gab): das Modeatelier der Schwestern Flöge sowie die Rolle, die Klimt in diesem Zusammenhang spielte.

Die optische Palette spannt sich dabei von Gemälden und Zeichnungen Klimts über private photographische Schnappschüsse zu den Lichtbildern, die die Atmosphäre seiner Lebenswelt einfangen – nicht zuletzt die leiblichen Dinge, von der deftigen Krautsuppe über den zarten Tafelspitz bis zu den süßen Verlockungen der Mehlspeisen: Denn vollendet wird das Panorama natürlich durch einen Reigen attraktiver Rezepte. Begeben Sie sich nun, ruhig «mit etwas Fressgier behaftet» (wie Klimt), auf eine genüssliche Promenade durch Wien!

GERÜHRTER GUGELHUPF

220 g Butter
120 g Staubzucker (Puderzucker)
45 g Stärkemehl
1 EL Rum
1 Prise Salz
Vanillezucker
abgeriebene Schale von
1 unbehandelten Zitrone
4 Eidotter
220 g Weizenmehl
(sowie etwas Mehl zum
Bestäuben der Form)
$^1/_2$ l Milch
4 Eiweiß
100 g Kristallzucker
50 g Rosinen,
in etwas Rum eingeweicht
30 g Mandeln,
geschält und halbiert
(nach Belieben)
Puderzucker zum Bestäuben

Butter mit Staubzucker, Stärkemehl, Rum, Salz, Vanille und geriebener Zitronenschale schaumig schlagen, Eidotter nach und nach dazugeben, anschließend nacheinander Weizenmehl und Milch einrühren.
Das Eiweiß mit Kristallzucker zu festem Schnee schlagen, die Rosinen darunter rühren und die steife Masse vorsichtig unter die Teigmischung heben. Eine Gugelhupfform mit Butter ausstreichen und mit Weizenmehl bestäuben. (Nach Belieben den Boden mit abgezogenen, halbierten Mandeln auslegen.) Anschließend den Teig einfüllen und bei 200 °C (Gas Stufe 3) etwa 70 Minuten backen.
Abkühlen lassen, aus der Form stürzen und mit Puderzucker bestäuben.

Der – meist aus Hefeteig oder Biscuit gebackene – Napfkuchen ist wohl nach der Kopfbedeckung der Marktfrauen (mhd. «gugele» = Kapuze) benannt. Es gibt ihn in zahllosen Variationen, von denen der Steinkogler Gugelhupf mit einer Anekdote verknüpft ist. Katharina Schratt, die Geliebte Kaiser Franz Josephs (vgl. Rezept Paprikahuhn, S. 168), versorgte diesen zum Frühstück auch in der Sommerresidenz Bad Ischl gerne mit seinem begehrten Gugelhupf (geliefert von der berühmten Konditorei Zauner). Sein obligatorischer Jagd-Ausflug in Begleitung der Dame führte den Monarchen nach Offensee, und zwar über den Steinkogel. Verließ er dann nachts oder morgens heimlich (wie er dachte) das Quartier der Schratt, kommentierten dies die Ischler respektlos mit: «Jetzt hat der Kaiser grad wieder sein Steinkogler Gugelhupf verspeist!» Wobei sie weniger an den Kuchen dachten.

ZU HAUSE IN DER WIENER LUFT

Über die kulinarischen Vorlieben Gustav Klimts sind wir weniger umfassend unterrichtet als etwa diejenigen der Schriftstellerin Colette, die Hunderte handgeschriebener Rezepte hinterließ, oder Johann Wolfgang von Goethes, dessen aufwendige Haushaltsführung am Weimarer Frauenplan sich anhand eines immensen Konvoluts relevanter Dokumente nachvollziehen lässt. Was Klimts Mutter Anna gerne der Familie vorsetzte, wissen wir kaum, ebenso wenig, was bei den Schwestern Flöge auf den Tisch kam.

Dies ist aber nicht so beklagenswert, hält man sich die folgenden zwei Dinge vor Augen: Erstens speiste der Maler meist außer Haus, und Bemerkungen in seiner Korrespondenz vermitteln Hinweise auf lukullische Präferenzen. Zweitens kann man davon ausgehen, dass Klimt, aus bescheidenen Verhältnissen zum gut situierten Künstler arriviert, mit allen Spielarten der zeitgenössischen Wiener Küche vertraut war und das Raffinierte eines Girardi-Rostbratens zum «feinen Nachtmal» schätzte, ohne darüber den Geschmack an einer simplen «Eierspeis» zu verlieren – hierin wiederum dem Feinschmecker Goethe gleichend, dem es ebenfalls nie einfiel, einfache Gerichte gering zu schätzen, waren sie nur delikat zubereitet.

Das Privatleben Klimts ist ohnehin eher spärlich dokumentiert, denn er führte nie Tagebuch oder eine ausführliche Korrespondenz. Das Interesse der Nachwelt konzentrierte sich zudem Jahrzehnte lang auf sein Werk und begnügte sich bei der Vorstellung von der Person dahinter mit recht vagen Konturen – durchaus im Sinne des Malers, der zeitlebens kein einziges ernsthaftes Selbstbildnis schuf:

«Von mir gibt es kein Selbstporträt. Ich interessiere mich nicht für die eigene Person als ‹Gegenstand eines Bildes›, eher für andere Menschen, vor allem weibliche, noch mehr jedoch für andere Erscheinungen. Ich bin überzeugt davon, daß ich als Person nicht extra interessant bin. An mir ist weiter nichts besonderes zu sehen. Ich bin ein Maler, der Tag um Tag vom Morgen bis in den Abend malt. Figurenbilder und Landschaften, seltener Porträts.»

Man mag dem unprätentiösen Klimt bereitwillig ein gut Teil seiner Zurückhaltung abnehmen, ganz ohne Koketterie dürfte solche Selbstauskunft indes auch in seinem Fall nicht sein! So viel legt allein der allzu beiläufig eingeflochtene Hinweis auf seine Inklination zum anderen Geschlecht offen …

VORHERGEHENDE DOPPELSEITE:
Die goldene Lorbeerkuppel, die zur Ehre der Kunst («Der Zeit ihre Kunst, der Kunst ihre Freiheit») das Gebäude der Secession in der Friedrichstraße krönt, besteht aus über 3000 Blättern und über 600 Beeren.

GEGENÜBER:
Kabinettstücke des frühen Wiener Jugendstils sind die von Otto Wagner erbauten Pavillons der Stadtbahn – bis ins Detail, wie diese Türverglasung.

Bevor wir uns mit den Amouren des sinnenfrohen, äußerlich dezent ins Faunische oszillierenden Mannes befassen, wenden wir uns jedoch zunächst den Verhältnissen zu, in denen er aufwuchs. Das einstöckige, an das schmale Trottoir der Linzer Straße geschmiegte Häuschen, wo er am 14. Juli 1862 als zweites Kind seiner Eltern geboren wird, ist in Baumgarten gelegen, damals noch außerhalb Wiens und 1892 als XIV. Bezirk (Penzing) eingemeindet. Kein vornehmes Viertel, sondern eines, wo eher Handwerker leben, wie auch Klimts Vater Ernst (1834–1892). Der aus Nordböhmen stammende Bauernsohn schlägt sich schlecht und recht als Graveur durchs Leben und vermag seiner Frau Anna (geb. Finster, 1836–1915), einem Wiener Vorstadtmädl aus Margareten, sowie den sieben Sprösslingen kaum den Lebensunterhalt zu sichern. Nach der Wirtschaftskrise von 1873 gerät die Familie in bittere Not und findet zu Weihnachten nicht einmal Brot auf dem Tisch, geschweige denn Geschenke …

Die (noch von den Enkeln gerühmte) heitere Natur Anna Klimts wird in diesen Fährnissen oft vonnöten gewesen sein! Jedenfalls waren die drei Söhne früh aufgerufen, ihr von der Mutter ererbtes musisches Talent Gewinn bringend in kleine künstlerische Arbeiten umzusetzen, wie Porträtminiaturen. Die angespannte finanzielle Situation bessert sich erst ab 1876, als Gustav und sein Bruder Ernst (1864–1892) in die Kunstgewerbeschule übertreten und nebenbei schon erklecklich Geld verdienen. Nach diversen Zwischenstationen, teils in elenden Zinskasernen, bezieht die Familie 1890 ein respektables Quartier in der Westbahnstraße 36 (VII. Bezirk Neubau): Hier wird Klimt bis an sein Lebensende wohnen – und in der benachbarten Josefstadt zwei Jahrzehnte ein Atelier unterhalten.

1883 gründet er mit Bruder Ernst und dem Studienkollegen Franz Matsch (1861–1942) die «Künstler Compagnie», mit einer Ateliergemeinschaft in der Sandwirtgasse (VI. Bezirk Mariahilf), die bald einen Ruf in der Ausgestaltung von Theatern erlangt. Dies verschafft den dreien 1886 den lukrativen Auftrag für die Dekorationsmalerei im Neubau des Burgtheaters. In diesem Zusammenhang entstehen auch zwei großformatige Aquarelle mit Ansichten des Zuschauerraums im Vorgängerbau – die pfiffige Idee, hierbei zahlreiche bekannte Persönlichkeiten Wiens zu verewigen, macht die jungen Künstler (die anlässlich der Neueröffnung der «Burg» gar dem Kaiser vorgestellt werden) einem breiten Publikum bekannt.

Klimts Geburtshaus in der Linzer Straße 247 um 1900.
Das 1967 abgerissene Gebäude (heute im XIV. Bezirk Penzing) gehörte damals zum außerhalb Wiens gelegenen Baumgarten, das wiederum später in den XIII. Bezirk Hietzing eingemeindet wurde – weshalb Stadtteilpatrioten Klimt als Hietzinger reklamieren, denn dort hatte er ab 1912 sein Atelier und fand 1918 auch seine letzte Ruhestätte.

Klimt im Garten seines Josefstädter Ateliers (Photographie von Moritz Nähr, 1910).
Zwei Jahrzehnte besaß Klimt hier in der Josefstädter Straße 21 ein Refugium inmitten der Großstadt, das neben Katzen und Modellen allerdings zunehmend von neugierigen Besuchern belebt wurde. Als 1911 die Kündigung wegen Abrisses erfolgte, mietete er ein neues Atelier in der Hietzinger Feldmühlgasse 11.

Die Wertschätzung ihrer Arbeit bei Hofe bringt ihnen fünf Jahre später als weiteres Prestigeprojekt die Ausführung der Zwickelbilder im Treppenhaus des neu errichteten Kunsthistorischen Museums ein. Was heute gewiss nicht jedem Ringstraßentouristen ins Auge fällt, ist letztlich unübersehbar: Während die beiden anderen dem platten historistischen Prunkstil im Sinne Hans Makarts (1840–1884) verhaftet bleiben, beginnt Gustav Klimt sich allmählich von der akademischen Malweise zu lösen, vielleicht nicht zufällig bei der Darstellung einer Frau: Der in der «Griechischen Antike» auftretenden Glykene verleiht er Züge der zeitgenössischen Wienerin.

Das folgende Jahr, 1892, bringt leider mit dem Tod des Vaters und des Bruders Ernst zwei schmerzhafte Zäsuren, außerdem führt die künstlerische und persönliche Entfremdung von Franz Matsch bald zur endgültigen Auflösung der Ateliergemeinschaft, die gerade ein neues, ansprechenderes Domizil gefunden hatte: in der Josefstädter Straße 21 (VIII. Bezirk Josefstadt). In diesem Gartenpavillon, von der damals schon recht betriebsamen Straße und dem Vorderhaus durch einen pittoresk verwilderten «hortus conclusus» getrennt, vollzieht sich während der nächsten beiden Jahrzehnte Klimts Entwicklung zum reifen, stilistisch eigenständigen Maler und schließlich zur Leitfigur der Wiener Kunstwelt.

Angesichts des «Rummels», den seine Rolle im offiziellen Kunstbetrieb mit sich brachte, kam dem etwas eigenbrötlerischen und erdverbundenen Klimt, der sich gerne auch in der Stadt «wie am Lande» fühlte, sehr entgegen, dass er mit dem idyllisch abseits gelegenen Atelier ein Refugium besaß, das ihm leidlich ungestörtes Arbeiten und unbefangenen Naturgenuss erlaubte. So schreibt er im März 1909 an Emilie:

«DIENSTAG Werkstatt Am Wege durch mein Garten heute der Geruch wie Frühlingsluft – Vögelgesang – die Knospen weiten sich – trotz Winterstimmung – ein Tag kann's ändern! Herzlichst Gustav»

Der antiken Gestalt der Glykene verlieh Klimt in provokanter Weise Züge der zeitgenössischen Wienerin.

Dass gleichwohl weder aus Frühlingslüfterln noch aus strahlenden Hochsommertagen dem Gartenfreund eine Garantie kreativer Höhenflüge erwuchs, bezeugt eine zwei Jahre zuvor erhobene Klage, als es gerade um die letzten Vorbereitungen einer wichtigen Ausstellung in Berlin geht: «Ein herrlicher blendender Morgen wahrscheinlich ein heißer Tag – letzter Ansturm auf das Bild – es mangelt nicht an Zeit sondern es ist zu ‹mis› und das ist das Betrübende, hoffen wir's Beste.» Noch am selben Nachmittag ergeht an Emilie die Nachricht «Nichts zu machen mit dem Bild», und am Folgetag heißt es:

«Freitag früh Ein strenger Tag – Einpacken, Einkaufen, Bild vollenden, Haarschneiden – lauter schöne Sachen – trotz alldem unwiderruflich ‹Kehraus›!! Besten Gruß GUSTAV»

Ungeachtet «prachtvollen Wetters» brachte die Reise nicht den erhofften Erfolg und daher dezente Verstimmung: «... es geht in der Stadt noch schäbiger als am Lande.» Umso schlimmer, wenn es mitten in der Stadt, wie Juli 1910 in Wien, veritablen Landregen gibt, der schon das Frühstück klamm werden lässt:

«TIVOLI Windig, Allerseelentag. Schäbig, starker kalter Regen 9 Grad aussichtslos. – bin ganz allein – 3 kleine, junge Spatzen sitzend frierend zusammengekauert im Winkel des Gebälkes vom Lusthause – und zwitschern in greifbarer Nachbarschaft. Es ist ‹saukalt›, kriege steife Finger – sitze mit aufgestelltem Kragen da – eine ‹Haxe› wird schon kalt und der Regen geht schwer hernieder ...»

Auch ein «Herumspazieren» im «Salettl» (Gartenhaus) vermag das Wohlbefinden nicht zu steigern, dafür werden die (inzwischen auf 5 vermehrten) Spatzen zutraulich: «Durch Promenade etwas erwärmt schreibe weiter. – Es regnet wunderbar – ekelhaft! Die Spatzen rennen mir über die Stiefel (...) Arbeit ‹weech› und langsam. (...) Ansonsten geht's mir gut.» Das grantelnde Genie zeigt sich also, nicht anders als seine gefiederten Leidensgenossen, ganz kreatürlich der Unbill der Witterung unterworfen: kein Wunder, dass das Malen nur «weech» (mühsam) vorangehen will! Was jedoch nicht immer von Regen oder Sonnenschein abhängt – andernorts flucht Klimt allgemein über die «Sauarbeit», bekennt «Schlafneigung» statt Schaffensdrang und kommt sich vor wie «ein zu lebenslänglich Zwangsarbeit Verurtheilter».

So sauer ihm die «Werkstatt» (wie er sein Atelier nennt) auch manches Mal geworden sein mag, mit Produktion und Karriere geht es unaufhaltsam vorwärts – allerdings nicht aufwärts im akademischen Sinne, da ihm wegen seiner kritischen Haltung gegenüber den Gralshütern des Althergebrachten zeitlebens eine Professur versagt bleibt. Klimt setzt sich vielmehr 1897 als Präsident an die Spitze einer Schar von Gesinnungsgenossen, die sich vom Künstlerverband abspalten und eine selbstständige Vereinigung gründen: die Wiener Secession. Vergleichbares war bereits 1892 in München unter Franz von Stuck und 1893 in Berlin auf Anregung Max Liebermanns geschehen, und hier wie dort ist die Liste der «Abtrünnigen» mit prominenten Namen durchsetzt. In Wien sind dies außer Klimt die Maler Rudolf von Alt, Carl Moll, Koloman Moser und Alfons Mucha sowie die Architekten Josef Hoffmann, Joseph Maria Olbrich und Otto Wagner; unter den korrespondierenden ausländischen Mitgliedern findet sich, neben Giovanni Segantini und Stuck, niemand Geringerer als der Bildhauer Auguste Rodin.

Die erste Ausstellung der Gruppe im Frühjahr 1898 ist, mit beinahe 60 000 Besuchern und über 200 verkauften Bildern, ein enormer Erfolg. Parallel legt man den Grundstein für ein eigenes, noch im November desselben Jahres eröffnetes Domizil: das von Olbrich (unter Beteiligung Klimts) entworfene Gebäude der Secession mit der legendären goldenen Lorbeerblatt-Kuppel – die glanzvolle Premiere der Jugendstil-Architektur in Wien. Die fortan in diesem exquisiten Kunsttempel inszenierten Ausstellungen machen das Publikum außer mit Werken junger Wiener Maler und Kunsthandwerker stets mit anderen aktuellen europäischen

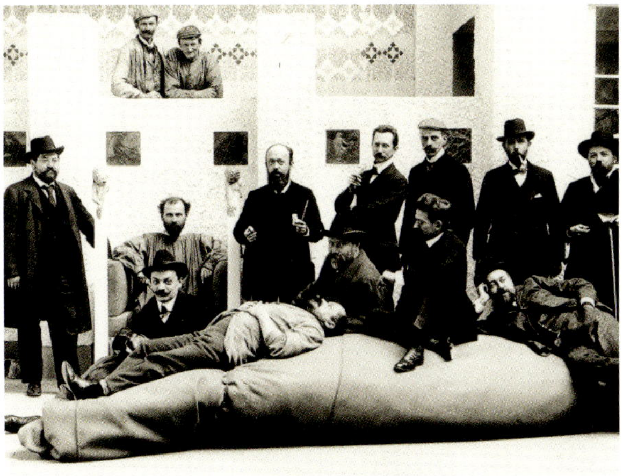

Mitglieder der Wiener Secession
(Photographie von Moritz Nähr, 1902).
Das Bild entstand bei den Vorbereitungen zur XIV. Ausstellung der Secession, in deren Mittelpunkt Max Klingers Beethoven-Statue stand. Ihr zu Ehren wiederum schuf Klimt seinen berühmten, auch von Rodin bewunderten Beethoven-Fries (Rekonstruktion im Secessions-Gebäude). Vorne vor Klimt sitzend Koloman Moser, rechts, halb liegend, Carl Moll.

Das 1898 von Joseph Maria Olbrich errichtete Secessions-Gebäude (zeitgenössisches Foto) zeigt in Grundriss und Proportionen deutlich den Einfluss der ursprünglichen Idee Klimts. Obschon in seiner geometrischen Ausrichtung klar vom Wiener Jugendstil geprägt, ist der weiße Kubus mit der Laubkuppel ein zeitloses Exempel architektonischer Eleganz.

OBEN:
Ausgaben der Zeitschrift «Ver Sacrum».
Das 1898 bis 1903 erscheinende Publikationsorgan der Secession kann als Musterbeispiel anspruchsvoller zeitgenössischer Kunstzeitschriften gelten. Oben liegend die Ausgabe mit Klimts Zeichnung *Die Hexe*.

GEGENÜBER:
Nuda veritas (Öl auf Leinwand, 1899, Theatermuseum Wien).
Das Motiv der «nackten Wahrheit», das Klimt bereits ein Jahr zuvor in einer Illustration für «Ver Sacrum» aufgegriffen hatte, verband er auf dem Rahmen des Ölbildes mit einem (gegen seine Kritiker gerichteten) Motto Friedrich Schillers: «Kannst Du nicht allen gefallen durch deine That und dein Kunstwerk – mach es wenigen recht. Vielen gefallen ist schlimm.»

Kunstströmungen bekannt, wie dem belgischen Symbolismus; dessen Hauptvertreter Fernand Khnopff verdankt Klimt eine Zeit lang wesentliche Anregungen.

Die Klimt-Gruppe trennt sich zwar 1905 wieder von der Secession, ihr Einfluss während jener sieben Jahre ist indes erheblich. Gleiches gilt für das 1898 bis 1903 erschienene Publikationsorgan der Secession, die Zeitschrift «Ver Sacrum», in deren erster Nummer auch die Statuten der «Vereinigung bildender Künstler Österreichs» abgedruckt werden. In Anspruch und Gestaltung orientiert sie sich am Vorbild der Pariser «Revue Blanche», des englischen «Studio» und des in Berlin von Otto Julius Bierbaum herausgegebenen «Pan». Neben einer ausgetüftelten Typographie legt man naturgemäß höchsten Wert auf die graphische Gestaltung, zu der auch Klimt eine beträchtliche Zahl an Illustrationen, Vignetten und Initialen beisteuert.

So kurz der «Heilige Frühling» der Kunst währt, so ansehnlich sind die ästhetischen Früchte, die er trägt! Als literarische Zuträger gewinnt man zudem Autoren von Format: Peter Altenberg, Hermann Bahr, Hugo von Hofmannsthal, Felix Salten und Arthur Schnitzler. Von Rainer Maria Rilke hingegen druckt man zwar gerne eine hübsch illustrierte Dichtung ab, gibt ihm jedoch einen Korb, als er Anfang 1901 Interesse an der Mitarbeit in der Redaktion bekundet …

Der Redaktion von «Ver Sacrum», die im Secessions-Gebäude untergebracht ist, gehört Klimt nur vorübergehend an, ist dafür (1897–1899 als Präsident) meist bei den Sitzungen der Secession zugegen, wo man sich neben der Konzeption von Ausstellungen auch regelmäßig mit deren Echo bei Publikum und Presse befasst und angesichts der Blüten, die dieses treibt, sicherlich oft ins Schmunzeln gerät – wie im Fall von Klimts 1898 gemalter «Pallas Athene», die unter konservativen Gemütern einen Sturm der Entrüstung auslöst, ähnlich wie die Allegorie der «Nuda veritas» im Jahr darauf. Selbst der Kunstkritiker Ludwig Hevesi, Klimts wichtigster Interpret zu Lebzeiten, schwankt zwischen Beifall und Irritation:

«(Das Publikum rächte) sich an seiner ‹Nackten Wahrheit›. Eine weibliche Figur von wahrer Nacktheit, aufrecht vor violettem Hintergrund. Ihr tiefschwarzes Haar fällt rechts und links in symmetrischen Massen vor, im Gesicht und auch in der gebundenen Haltung liegt etwas Hieratisches. Eine secessionistische Isis, möchte man sagen. Dazu die blitzende Kristallkugel in der halberhobenen rechten Hand. Das seltsame hellblaue Linienspiel auf dem violetten Grunde ist eine zum Ornament gewordene Andeutung des fallengelassenen Schleiers. Und die beiden aufrechten Blümchen, zwischen denen die Figur steht, sind zwei Stämmchen Löwenzahn (Leontodon taraxacum). Das ist jene bescheidene Feldblume, deren mollig-wollige, fast gewichtslose Fruchtkugel jeder Lufthauch entführt. Eine Lieblingsblume der Secessionisten. (…) Überhaupt ist die Nuda veritas Klimts ein Spiel von symbolistischen Anwandlungen. Unbestimmtes Empfinden läßt sich gehen, statt sich mühsam als Gedanke zu formen.»

Unwillkürlich scheint hier bei der Haarpracht das Feuerrot (eine Signalfarbe des Dämonischen) ins geschmeidig Schwarze abgemildert! Diese Weibsperson in «splitterbloßer Nacktheit» (so der Kritiker Arthur Roessler) verband Klimt obendrein mit einem offensiven Motto (aus dem Munde eines Klassikers deutscher Dichtung!), was mancher Betrachter gewiss als gezielte Verhöhnung empfinden musste. Provokantes

Spiel mit der öffentlichen Meinung entsprach indes dem Selbstverständnis der Secessionisten, die sich übrigens auch nicht nur ernst nahmen, wie eine Karikatur Hoffmanns und Mosers in «Ver Sacrum» belegt.

Fühlte man sich dort oder im Secessions-Vorstand nicht mehr so recht re(d)aktionsfähig, verlegte man weitere Debatten gerne in das benachbarte Café Museum. Der Schweizer Maler Cuno Amiet erinnert sich:

«Wenn das dunkle Tor der Ausstellung in der Secession abends schloß, trafen wir uns mit den Bekannten gewöhnlich im nahen Kaffeehaus. Da war Professor Otto Wagner, Architekt und eigentlicher Vorkämpfer des neuen Künstlerbundes und Protektor der Wiener Werkstätte, Professor Josef Hoffmann und verschiedene jüngere Wiener Maler. Und einer war noch da. Ein Großer, ein Eindrücklicher, saß da und aß mit Seelenruhe seine Eierspeis'. Sicher hat man schon erraten, wer das ist: Klimt, der Maler Gustav Klimt. Die Arbeit hielt ihn den ganzen Tag fest, heute war sein Mittagessen die Eierspeis' am Abend. Meist aber gab es hier große, üppige Essen.»

Im diesem 1899 eröffneten Kaffeehaus war man auch architektonisch mit einem Generationswechsel konfrontiert: Der Wagner-Schüler Adolf Loos (1870–1933) verwirklichte dort erstmals seinen radikalen Verzicht auf jeglichen Zierrat – was ihm so gründlich gelang, dass das Etablissement im Volksmund schnell «Café Nihilismus» hieß. Das schnörkellose Ambiente stieß jedoch Intelligenzia und künstlerische Boheme keineswegs ab, so gaben sich hier beispielsweise oft Peter Altenberg und der mit Loos befreundete Karl Kraus die Ehre, mitunter in Gesellschaft ausländischer Gäste, wie Frank Wedekind oder Ferdinand Hodler.

Auf dem Weg ins Kaffeehaus passierten Geschäftige und Müßiggänger vermehrt Exempel eines neuen Baustils, wobei Puristen wie Loos (der den Meister des Dekors, Josef Hoffmann, als «staatlich angestellten Papuaneger» verunglimpfte) zunächst die Ausnahme blieben. Die Architekten des Wiener Jugendstils stießen mit ihren kühnen Plänen in eine ideale Situation: Erstens waren, in Anbetracht der Bevölkerungsexplosion, zwischen 1850 und 1890 die Vorstädte eingemeindet und das Glacis geschleift worden, zweitens erfuhr der private Bau von Mietshäusern großzügige steuerliche Förderung.

Ein Paradebeispiel für die nun vielerorts etablierten, in Komfort und Gestaltung aufwendigen Gebäude sind die zwei von Otto Wagner 1898/99 an der Linken Wienzeile errichteten Wohn- und Geschäftshäu-

Stuckaturen an der Fassade des Secessions-Gebäudes. Obgleich Domizil der «Vereinigung Bildender Künstler Österreichs», findet sich an der Fassade auch ein Bezug zu den Eulen der Weisheit – als Zeichen eines umfassenden Kunstverständnisses.

Aufzug und Treppenaufgang des 1898/99 von Otto Wagner erbauten «Majolika-Hauses» an der Linken Wienzeile 40 verraten das Vorbild eines schwungvoll-floralen Jugendstils, wie er auch im Gebäude der französischen Botschaft zu Tage tritt (s. S. 105).

ser, eines davon das legendäre «Majolika-Haus». Hinzu kamen öffentliche Aufträge, so die Pavillons der Stadtbahn. In den Stationen am Karlsplatz, in unmittelbarer Nähe der Secession, hatte auch Klimt (der in der Bahn gerne Korrespondenzkarten schrieb!) häufig Gelegenheit, Wagners geniale Symbiose moderner Technik und eleganten Stils zu bewundern.

Der verspielte, noch vom Floralen des belgisch-französischen Jugendstils beeinflusste Gestus der frühen Wagner-Bauten wich später einer nüchterneren Auffassung: Sein Postsparkassenamt am Stubenring (1904–1906) kommt jedoch bei aller Schlichtheit nicht dem «Haus ohne Augenbrauen» (1909–1911) gleich, mit dem Adolf Loos seine Wiener Zeitgenossen schockierte – ausgerechnet am Michaelerplatz, unmittelbar am Eingang zur Hofburg (worüber der greise Kaiser sich unendlich grämte!). Die kühle Geradlinigkeit des Loos-Hauses antizipiert, wie auch seine American Bar im Kärntner Durchgang, bereits die 1920er Jahre, als der Jugendstil längst passé ist.

Auch der eher naturverbundene Klimt wird die zunehmende Betriebsamkeit der Metropole nicht gerade goutiert haben. In unmittelbarer Nähe seines Ateliers lärmte seit der Jahrhundertwende die elektrische Straßenbahn, daher traf es sich eigentlich gut, dass ihm dieses Domizil 1911 wegen geplanten Abrisses gekündigt wurde. Und so führte ihn sein zweiter Morgenspaziergang, nach dem Frühstück im Tivoli, bald westwärts durch den Schönbrunner Park ...

Auf der Suche nach einer neuen «Werkstatt» wurde er möglicherweise durch Vermittlung eines Bekannten fündig, des in der Hietzinger Feldmühlgasse 10 (Ortsteil Unter St. Veit) ansässigen Malers Felix Harta, dessen künftige Schwiegereltern gegenüber in Nr. 9 ein villenartiges Anwesen besaßen. Klimt mietete den geräumigen Nordteil, baute ihn mit geringfügigem Aufwand zum Atelier um und sah sich in ein (verglichen mit der Enklave in der Josefstadt) geradezu bukolisches Idyll versetzt: Das Haus lag, selbst von einem üppigen, 15 000 qm großen Garten umgeben, inmitten einer nach Norden in Streuobstwiesen mündenden Parklandschaft, deren Frieden lediglich durch die nahe Bahntrasse getrübt wurde. So hat 1926 der Kunstkritiker Arthur Roessler einen Besuch bei Klimt im Gedächtnis:

«Eine dörflich stille Seitengasse in Hietzing, nicht weit von Baumgarten, wo Klimt vor sechsundfünfzig Jahren geboren wurde (...) – in dieser Gasse ein niederer, grün gestrichener Lattenzaun, (...) dahinter ein dick von Strauchdickicht durchwachsener Garten mit alten Bäumen, einigen Rasenplätzen und Blumenbeeten, und mitten in dieser eilandshaften grünen Pflanzenwirrnis ein schlichtes, eingeschössiges Landhaus mit hohen Fenstern.»

Die Fensterrahmen ließ Klimt schwarz streichen, die Fassade weiß tünchen – eine Reverenz an seinen Freund Josef Hoffmann und die Ästhetik der Wiener Werkstätte, deren Möbeln man auch im Empfangsraum begegnete. Der Maler Egon Schiele, Klimts Protegé und während der letzten Lebensjahre sein Nachbar, erwähnt hiervon nur einen Tisch:

«Nachdem der Komplex dieser Häuser (in der Josefstadt) 1911 demoliert wurde, mußte sich Klimt von seinem versteckten Häuschen, in welchem er so viele Jahre Freud und Leid erlebte, trennen und zog dann in das einzelnstehende, ebenerdige Haus nach Hietzing. Es wurden an der Nordseite zwei größere Fenster eingebaut und die Räumlichkeiten, welche nur zur Arbeit dienen sollten, für diesen Zweck mit außerordentlich

Seitenfront des Gebäudes von Klimts Atelier in Hietzing. In den 1920er Jahren wurde das ursprünglich eingeschossige Haus aufgestockt und tief greifend umgestaltet, wobei der Grundriss der Atelierräume jedoch im Wesentlichen erhalten blieb. Ungeachtet aller Bemühungen des 1999 gegründeten «Vereins Gedenkstätte Gustav Klimt e.V.» erfolgte bislang indes keine authentische Rekonstruktion des Interieurs zu musealen Zwecken, wie sie bereits 1918 Egon Schiele vorschwebte (s. S. 37).

kluger Überlegung der Raumverteilung hergerichtet. (...) Beim Eintritt kam man zuerst in einen Vorraum, von welchem die linke Tür in sein Empfangszimmer führte. In der Mitte stand ein quadratischer Tisch, ringsum hingen unmittelbar beisammen japanische Holzschnitte und zwei größere chinesische Bilder, am Boden lagen Negerplastiken, im Winkel beim Fenster stand eine japanische rot-schwarze Rüstung. Von diesem Zimmer gelangte man noch in zwei weitere Räume, von denen man den Ausblick auf Rosenstöcke hatte. Vom Vorraum rechts betrat man zuerst einen Raum, worin zwei Skelette aufgestellt waren, dann folgte ein Zimmer, an dessen einer Breitwand nur ein großer Schrank mit den schönsten chinesischen und japanischen Kleidern eingebaut war. Von hier kam man in die eigentliche Werkstätte.»

So akribisch Schiele (mit dem Kennerblick des Malerkollegen!) die Räumlichkeiten würdigt, mehr noch bezaubert auch ihn die Magie des Gartens:

«Klimt ließ den Garten um das Haus (...) alljährlich mit Blumenbeeten zieren – es war eine Lust, inmitten von Blüten und alten Bäumen dahin zu kommen. Vor der Haustür standen zwei schöne, von Klimt skulptierte Köpfe.»

Rechnet man hierzu die exquisiten Klimtschen Gemälde, gerinnt die ganze Konstellation zu einer Insel der Schönheit, die perfekt der damals gängigen elitären Auffassung des Künstlertums und des Lebens als Gesamtkunstwerk entsprach. Sogar die apostelhafte Erscheinung des Malers, im Retirat des Gartens umherwandelnd, korrespondiert zumindest vordergründig mit der Stilisierung des Künstlers zum erleuchteten Eremiten (wie sie etwa auch die Dichter Hugo von Hofmannsthal und Stefan George zelebrierten). Mancher Besucher in der Feldmühlgasse scheint von einer Art heiliger Scheu erfüllt. So notiert der Kunstkritiker Franz Servaes zu Klimts 50. Geburtstag 1912:

«Erst wenn der Hausherr kommt, im tiefreichenden blauen Leinenkittel, der oben ein Stück braungebrannter Brust sehen läßt, wagst du näher zu treten. Er empfängt dich mit ausgesuchter, knapper Höflichkeit: du bist bei Gustav Klimt.» Und ein Journalist schrieb nach dem Tod des Malers in einer Wiener Tageszeitung:

«Im Weggehen sah ich mich, ehe ich das Türchen des alten Holzgitters aufschloß, noch einmal nach dem Meister um. Langsam ging er durch den tiefen Schnee des Gartens in seinem grauen, mit Farben befleckten

GEGENÜBER:
Garten und Eingangsbereich von Klimts Atelier in Hietzing (Photographie von Moritz Nähr, nach 1914).

UNTEN:
Detail des pittoresk verwitterten Balkongeländers.

Malerkittel. Der Wind sträubte seinen silberig bereiften Apostel- und Mönchsbart; Stille war um ihn und die Landschaft von Wien ...»

Klimt selbst empfand das Ganze wohl weniger hieratisch und genoss in erster Linie ein adäquates Refugium in angenehmer Umgebung: Hietzing war ein ruhiger, unauffällig von Handwerk und Kleingewerbe lebender und zusehends an Noblesse gewinnender Stadtteil, wo die Reichen sich ihre Landsitze errichteten ließen und sogar die kaiserliche Familie eine Villa besaß. Um sich hier wohl zu fühlen, benötigte man offenbar aber keinerlei höfischen Prunk, sondern lediglich sein Plätzchen im Grünen und gutes Wetter:

«In meinem Lusthaus im Garten ein herrlichster Tag – betörende Luft – ein schöner Platz – bin wie am Lande – (mit meiner Zeitungslectüre behaftet) und schlürfe.»

Dieser Bericht des Malers an Emilie vom Juni 1912 erweckt fälschlich den Eindruck eines beschaulichen Privatier-Daseins, wovon indes keine Rede sein konnte, wie wiederum Egon Schiele bezeugt:

«Klimt zeigte mir seine in Arbeit befindlichen Bilder. Er malte in Hietzing eine Reihe von Damenbildnissen und Figurenbildern – ‹Tod und Liebe›, ‹Leda›, ‹Jungfrau›, ‹Braut›, ‹Eva› und viele andere –, außerdem eine größere Anzahl der besten Landschaften vom Atter- und Gardasee ...»

Von diesen späten Werken entsteht allerdings keines mehr in öffentlichem Auftrag: Nach diversen Skandalen um seine Bilder und dem Austritt aus der Secession lebt Klimt vorwiegend von Arbeiten für wohlhabende Privatleute und den freien Galerienmarkt.

Im Jahre 1894 war an Klimt und Franz Matsch der Auftrag für die Ausschmückung der Aula der Universität ergangen. Klimt mietete für die Ausführung der großformatigen Fakultätsbilder ein zweites Atelier in der Florianigasse und stellte im Frühjahr 1900 als erstes die «Philosophie» vor, deren kühner Entwurf jedoch bei den Professoren auf Empörung stieß. Es entspann sich ein mehrjähriges Tauziehen zwischen Gegnern und Befürwortern, das 1905 in Klimts Verzicht auf den Auftrag, seine Weigerung, die Bilder herauszugeben, und die Rückerstattung der Vorschüsse mündete. Wie erbittert der Maler auf diese erste «amtliche» Kritik an einem seiner Werke und die Eskalation des Streits reagierte, belegt der Bericht der Journalistin Berta Zuckerkandl, die ihn in seinem Atelier in der Josefstädter Straße interviewte:

OBEN:
Obergeschoss des Ateliergebäudes (Zustand nach 1924).

GEGENÜBER:
Ein Teich mit Seerosen fand sich zwar nicht im üppigen Grün des Ateliergartens, wohl aber zahlreiche Rosenstöcke. An beides mag Klimt gedacht haben, als er dieses (vermutlich Emilie gewidmete) Gedicht verfasste:

Die Wasserrose wächst am See
Sie steht in Blüthe
Um einen schönen Mann ist weh
Ihr im Gemüte.

In der Eremitage seines Hietzinger Ateliers vollendete Klimt sein Lebens-Kunstwerk.

Nach dem Regen (Öl auf Leinwand, 1898, Österreichische Galerie Belvedere, Wien).
Dieses Gemälde Klimts, wie seine anderen Landschaftsbilder jener Schaffensperiode vom französischen Impressionismus beeinflusst, entstand vermutlich während der Sommerfrische desselben Jahres in St. Agatha nahe dem Hallstätter See und zeigt die muntere Hühnerschar im Garten des Agatha-Wirtes – nach einem für die Gegend typischen «Schnürlregen».

«Nie werde ich das wunderbare Schauspiel dieses tobenden Gewitters vergessen (...). Klimt raste durch den Raum, riß Bilder von der Wand, warf sie in eine Ecke, goß ein Tintenfaß aus, zerfetzte Zeichnungen, kurz er war (...) außer Rand und Band.»

Klimt bemerkte, er gebe seine Bilder nur heraus, wenn man «Brachialgewalt anwende», und bekannte gegenüber seinem Freund Carl Moll: «Ich laß meine Arbeit net no weiter besudeln; wenn's Soldaten schicke und die schießen, muß i mi ergeben, z'ruckschießen kann i net.» Vorausgegangen war 1902 der Skandal um Klimts «Beethovenfries» (s. S. 87), von den einen gefeiert als «Prachtszene (...) und Gipfel der modernen dekorativen Malerei», von anderen brüsk abgelehnt als Orgie des Nackten und Pornographie.

Aber auch innerhalb der Secession entwickelte sich ein Zwist um die enge Verflechtung mit Kunsthandwerk und Kommerz, gleichfalls 1905 mit dem Austritt der Klimt-Gruppe endend. Beruflich und privat bleiben vor allem Klimt, Hoffmann und Wagner eng verbunden und behaupten ihren Führungsanspruch in der Wiener Kunstwelt, oft im Schulterschluss mit der literarischen Elite: So begießt man 1909 ausgiebig den 50. Geburtstag Peter Altenbergs, dieser liefert seinerseits eine enthusiastische Vorrede zur 1914 erscheinenden Luxus-Mappe «Das Werk Gustav Klimts».

Im Mai 1915 erhält der Maler Besuch von Arthur Schnitzler, den er kurz zuvor im Salon von Berta Zuckerkandl kennen gelernt hatte. Der Schriftsteller notiert in sein Tagebuch:

«Mit Olga nachmittags zu Klimt. Atelier Feldmühlgasse, mitten in altem Garten. Er zeigt mir seine Zeichnungen, einige Bilder, Landschaften, Portraits, Phantasien, vollendete und unvollendete; insbesondere die Landschaften wunderschön (...). Er signiert mir eine gekaufte Zeichnung, gibt Olga eine Photographie mit, führt uns in Räumen und Garten umher; und ich fühle bei allen Unterschieden, und der Überlegenheit seiner Künstlerschaft gegenüber, – eine ganz im tiefen verborgene Verwandtschaft.»

Nicht immer Verwandtschaft, aber doch Interesse und Verständnis verbanden Klimt auch mit der jüngeren Malergeneration, die er, etwa im Falle Egon Schieles und Oskar Kokoschkas, ausdrücklich förderte. Der Maler Walter Klemm erlebte die «Secessions-Väter» in geselliger Runde:

«Im Café ‹Museum› war der Tisch der ‹Großen›, an dem Klimt, Baurat Wagner, Kolo Moser, Architekt Hoffmann, (Alfred) Koller usw. saßen und sich oft (Ferdinand) Hodler, (Cuno) Amiet, (Edvard) Munch und andere ausländische Gäste zeigten, dem von uns jungen benachbart (...) Das Gespräch ging auch manchmal von Tisch zu Tisch (und) es war auch üblich, über die jeweiligen Secessionsausstellungen unsere Meinungen auszutauschen. Als nun Klimt seine große Ausstellung hatte, ging's hoch her im Café ‹Museum›. Unerhört heftig prallten die Meinungen aufeinander – heftig, aber nie unsachlich oder persönlich. (...) Man denke sich, daß sich ein so verwöhnter Künstler wie Klimt vom unreifen Schüler öffentlich kritisieren ließ, ernsthaft auf alles einging, Rede und Antwort stand. Er verlor nie seine Ruhe, würdigte voll den anderen Standpunkt, ja, er war besonders bemüht, die ‹jüngste Opposition› ganz zu begreifen.»

Angesichts seiner fortdauernden Verflechtung mit der Künstlerschaft und dem aufgeschlossenen, kunstsinnigen Teil des Großbürgertums der Stadt kann man Klimts letzte Jahre im Hietzinger Atelier kaum als «Eremitage», eher als «spendid isolation» ansehen, in der er zudem frei von wirtschaftlichen Sorgen lebte und das Kunstwerk seines Daseins vollendete. Nach Klimts Tod am 6. Februar 1918 hatte sein Freund Egon Schiele eine höchst interessante Inspiration:

«Seine Freunde sollten in Hietzing das Haus samt Garten und Einrichtung kaufen. Nichts sollte weggenommen werden – denn das Gefüge des Klimt-Hauses ist ein Ganzes, ist selbst ein Kunstwerk, welches nicht zerstört werden dürfte. Auch die unfertigen Bilder, Pinsel, Maltisch und Palette sollten unberührt bleiben und als Klimt-Museum für die wenigen, die Freude und Liebe für Kunst haben, zugänglich sein.»

Die Villa, in der Klimt sein Atelier hatte, ist heute ebenso erhalten wie ein großer Teil des Gartens, in dem noch 30 ehrwürdige alte Bäume überlebten und sogar ein letzter, zartrosa blühender Rosenstock. Schieles prophetische Idee einer Gedenkstätte blieb hingegen bislang leider unerfüllt: Das Mobiliar und sämtliche anderen Utensilien nahm zunächst die Person an sich, die jahrzehntelang Klimts Gefährtin war: Emilie Flöge.

Wiener Einmachsuppe

Vor allem die Speisekarten der Wiener Beisln sind reich an (meist auf Basis von Rinderbrühe bereiteten) Suppen, darunter Kuriosa wie Ganselsuppe mit gefüllten Gänsemägen. Die Einlagen sind phantasievoll und teils sehr aromatisch: etwa Leberknödel, Grammelnockerln oder Ragoutknödel. Für zartere Gemüter empfiehlt sich die Panadelsuppe – eine helle Brotsuppe, legiert mit Eigelb und Obers.

(4 Portionen)
Für die Suppe:
1 1/4 l Kalbs- oder Rinderbrühe
250 g Kalbfleisch
1/2 Zwiebel, fein gehackt
50 g Butter
40 g Weizenmehl
Salz, weißer Pfeffer aus der Mühle
etwas frisch geriebene Muskatnuss
1/8 l Obers (süße Sahne)
2 Eiweiß
ein nussgroßes Stück Butter,
Petersilie, fein gehackt

Für die Wiener Einmachsuppe werden meist Kalbs- oder Geflügelknochen gekocht. Man kann aber auch eine helle Rinderbrühe verwenden. In der Brühe das Kalbfleisch bei aufgelegtem Deckel sanft weich kochen (ca. 1 1/2 Std.).
Aus Butter und Weizenmehl eine lichte «Einmach» (helle Einbrenne) zubereiten. (Dafür die fein geschnittene Zwiebel in der Butter glasig dünsten, Mehl zugeben und hell- bis goldgelb werden lassen.) Mit der Brühe aufgießen, glatt rühren und 1/2 Stunde leicht simmern lassen. Die Suppe passieren und mit Salz, Pfeffer und Muskat würzen. Mit Obers und Dottern legieren (binden) und mit einem Stückchen Butter vollenden.
Das fein geschnittene Kalbfleisch – eventuell auch andere Zutaten aus der Liste – als Einlage in die fertige Suppe geben und vor dem Servieren mit gehackter Petersilie bestreuen.

Weitere Suppeneinlagen nach Wahl: Champignons, Karfiol (Blumenkohlröschen), Karotten, klein geschnitten, grüne Erbsen, Brösel- oder Markknödel, Croûtons oder Nudeln.

SECESSIONSNOCKERLN

Die apart in unterschiedlichen Farben leuchtenden «Secessions-Nockerln» zelebrierten einst 1897 die Gründung der Wiener Secession unter der Führung von Gustav Klimt. Das Rezept wurde erstmals schriftlich niedergelegt in dem Kochbuch «Die Wiener Bürger-Küche» (1902) von J. M. Heitz, Besitzer der «Ersten Wiener Bürger-Privat-Kochschule».

(6 bis 8 Portionen)
1 «Eischwer» (60 g) Butter
Salz, etwas frisch geriebene Muskatnuss
1 ganzes Ei (60 g)
2 «Eischwer» (120 g) groben Nockerlgrieß
etwas Pflanzenöl zum Bestreichen

Zum Färben des Nockerl-Teiges:
1 EL gekochter, fein gehackter Spinat
1 EL Paradeisermark (Tomatenmark)

Die altbewährte Formel für die Zutaten lautet: «1 Ei, 1 Eischwer Butter und 2 Eischwer Nockerlgrieß», übersetzt ins Hochdeutsche etwa «1 Ei, 1 Teil Butter und 2 Teile Nockerlgrieß».

Die zimmerwarme Butter schaumig schlagen. Mit Salz und Muskat würzen, dann das Ei dazugeben und gut untermischen (bei mehreren Eiern für größere Portionen: eines nach dem anderen!). Zuletzt den Grieß hineinrieseln lassen und alles sorgsam verrühren.

Zum Färben des Teiges: Die Nockerlmasse in drei Teile teilen. Den ersten mit Spinat vermischen und den zweiten mit Paradeisermark; der dritte Teil bleibt dottergelb.

Die Teigmassen etwa $^1/_2$ Stunde quellen lassen. Anschließend mit Hilfe zweier Löffel gleichmäßige Nockerln (längliche Klößchen) formen, diese auf einen mit Öl bestrichenen Teller legen und noch einmal kurz im Kühlschrank ruhen lassen.

In einem großen Topf Salzwasser zum Sieden bringen. Die Nockerln hineinlegen und bei offenem Deckel vorsichtig 10 Minuten eher ziehen als kochen lassen. Sie sollten sich dabei in der Größe fast verdoppeln und gleichmäßig flaumig-lockere Konsistenz gewinnen.

Als Einlage in die Suppe (am besten Rinderbrühe) oder in Butter geschwenkt ergeben die Nockerln eine selbstständige Mahlzeit, eignen sich aber auch als Beilage zu gebratenem oder gebackenem Fleisch.

WIENER SCHNITZEL

Die Schnitzel nicht zu dünn klopfen (etwa 4 mm dick) und die feinen Hautränder leicht einschneiden, damit sich das Fleisch beim Backen nicht zusammenzieht.

Zum Panieren: Drei Teller vorbereiten. In den ersten gibt man das Weizenmehl, im zweiten verquirlt man mittels einer Gabel unter Zugabe von wenig Wasser oder Milch die Eier, in den dritten Teller streut man reichlich Semmelbrösel. Die Schnitzel auf beiden Seiten salzen, im Mehl wenden und leicht abklopfen. Das Fleisch sollte nur eine hauchdünne Schicht Mehl annehmen! Jedes bemehlte Schnitzel zieht man durch die Eiermasse, lässt es abtropfen und wendet es sofort in Semmelbröseln. Das Fleisch dabei nur ganz leicht andrücken, dann die überflüssigen Brösel abschütteln; sie dürfen nicht zu fest am Schnitzel kleben! Die Schnitzel nicht zu lange liegen lassen, sonst wird die Panade feucht!

Zum Backen: In einer genügend großen Pfanne mindestens daumendick Schweineschmalz erhitzen. (Wenn es heiß genug ist, verursacht eine durch Wasser gezogene Gabelspitze, ins Fett gehalten, ein kräftiges Zischen!) So viele Schnitzel in das heiße Fett legen, dass sie genügend Platz haben und «schwimmen» können. Die Unterseite sollte nach etwa 1 $^1/_2$ Minuten Backzeit goldgelb bis hellbraun werden. Anschließend wenden und auf der anderen Seite fertig backen. Während des Backens die Pfanne wiederholt schütteln, damit sich das heiße Fett auch über die obere Seite der Schnitzel ergießt und die Panade «aufgeht» («souffliert», wie es der Fachmann nennt) und nicht am Fleisch kleben bleibt. Zwischen Panade und Fleisch sollte man ein Messer schieben können. Der Backprozess muss zügig vor sich gehen, damit das Fleisch noch «saftig» und die Panade «resch» ist, wenn die Schnitzel auf den Tisch kommen.

Wiener Schnitzel werden «trocken» angerichtet, mit einem Sträußchen Petersilie und je einem Zitronensechstel.

Als Beilage serviert man Häuptel- (Kopf-), Erdäpfel- (Kartoffel-) oder Gurkensalat bzw. gemischten Salat.

Zum Backen der Schnitzel wird nach alter Wiener Schule Schweinefett verwendet, denn nur das «Schmalz» gibt ihm den unverkennbaren Geschmack. In feinen Häusern wird es anschließend noch in etwas aufgeschäumter Butter gewendet – oder von vornherein in Butterschmalz gebacken.

(4 Portionen)
4 Kalbsschnitzel à 120–140 g
(vorzugsweise aus der Nuss
oder dem «Frikandeau»)
Salz
60 g Weizenmehl
2 Eier
etwas Wasser oder Milch
80 g feine Semmelbrösel
200 g wasserfreies Fett zum Ausbacken
(z. B. Schweineschmalz)

Zum Anrichten:
ein Sträußchen Petersilie
4 Zitronensechstel

Der Legende nach brachte der berühmte Feldmarschall Joseph von Radetzky (1766–1858) dieses Gericht aus der Lombardei nach Wien. Andererseits lassen sich die Spuren des Wiener Schnitzels bis in die Renaissance zurückverfolgen: Nach dem Verbot des Verzierens von Speisen mit Blattgold besann man sich angeblich auf die Alternative der goldbraun gebackenen Panade! Fest steht: Es muss ein Schnitzel vom Kalb sein, sonst heißt es «Schweinsschnitzel gebacken».

KAISERSCHMARRN

Um diese urwienerische Spezialität kursieren zahlreiche Legenden, eine davon bringt die Kaiserin Elisabeth damit in Verbindung. Als der Hof-Patissier mit seiner Kreation keinen Beifall bei der stets sorgsam auf ihre Figur achtenden Sissi erringen konnte, soll seine Majestät der Kaiser Franz Joseph in die Bresche gesprungen sein mit dem Ausruf: «Na geb er mir halt den Schmarren her, den unser Leopold da wieder z'sammkocht hat» – und genüsslich die ganze Portion aufgegessen haben.

(4 Portionen)
200 g Weizenmehl
60 g Staubzucker (Puderzucker)
1 Prise Salz
8 Eidotter
etwa $^{3}/_{8}$ l Milch
oder Obers (süße Sahne)
8 Eiweiß
100 g Butter zum Backen
80 g Rosinen (gebrüht und abgetropft
oder in Rum eingeweicht)
Puderzucker zum Bestäuben

Weizenmehl, Zucker, Salz, Eidotter und Milch/Obers zu einem glatten, nicht zu dickflüssigen Teig verrühren. Das Eiweiß sehr steif schlagen und darunter ziehen.
In einer Stielpfanne die Butter erhitzen, den Teig in einer etwa 1 cm dicke Lage hineingießen, anbacken, mit Rosinen bestreuen, wenden und bei mäßiger Hitze goldgelb fertig backen. Am Schluss mit Hilfe zweier Gabeln in kleine Stücke zerreißen und (im Rohr) kurz ausdünsten lassen.
Auf einer großen Platte mit Puderzucker bestreut servieren.

Als Beilage reicht man Kompott, am besten Zwetschkenröster (Zwetschkenkompott), oder Apfelmus.

GUSTAV UND EMILIE

Richten wir, bevor wir uns mit Emilie Flöge und Klimts «Mariahilfer Mäderlhaus» befassen, noch einmal den Blick in den dritten Stock der Westbahnstraße 36, wo seine Familie nach dem Tod des Vaters 1892 wohnen bleibt und auch er zumindest ein Stammquartier behält – gemeinsam mit der Mutter und den unverheirateten Schwestern Klara (1860–1937) und Hermine (1865–1938), die ihr Brot als Kunststickerin verdient. Die von Geburt an kränkliche Schwester Anna (1869–1874) stirbt bereits im Alter von fünf Jahren, das Nesthäkchen Johanna (1873–1950) heiratet 1895 den Buchhalter Julius Zimpel, dessen künstlerisch begabter Sohn Julius später kurz eine leitende Funktion in der Wiener Werkstätte übernimmt.

Bleiben die Brüder: Georg (1867–1931) macht sich 1896 als Metallbildhauer selbstständig und profitiert nicht unbeträchtlich vom Einfluss Gustavs – unter anderem führt er die (von Joseph Maria Olbrich entworfenen) Eisengussportale des Secessionsgebäudes aus. Dem Erstgeborenen Ernst ist die kürzeste Lebensspanne beschieden: Er stirbt Ende 1892 an einer Herzbeutelentzündung, ein gutes Jahr nach seiner Heirat mit Helene Flöge (1871–1936). Die Vormundschaft über seine Tochter Helene, genannt Lentschi (1892–1980), wird Gustav Klimt übertragen, der 1896 das zarte Pagenköpfchen der Sechsjährigen in einem einfühlsamen Porträt festhält. Dass eine intensive Verbindung beider Familien fortbesteht, liegt jedoch wesentlich am Interesse des Malers für die bemerkenswerte junge Frau in kostbarer blauer Robe, die er wenige Jahre später auf die Leinwand bringt.

Emilie Louise Flöge wird am 30. August 1874 als viertes Kind des Meerschaumpfeifen-Fabrikanten Hermann Flöge (1837–1897) und seiner Frau Barbara (geb. Stagl, 1840–1927) in solide bürgerliche Verhältnisse geboren. Sie absolviert vermutlich eine Ausbildung als Schneiderin und eröffnet 1904 mit ihren Schwestern Pauline (1866–1917) und Helene in der Mariahilfer Straße das Modeatelier «Schwestern Flöge», eingerichtet in neuestem Chic von der Wiener Werkstätte und frequentiert von einer ebenso exklusiven Klientel. Als diese Erfolgsgeschichte einsetzt, kennt sie den zwölf Jahre älteren «Onkel Gustav» mindestens ebenso lange und ist wahrscheinlich längst seine Geliebte …

Doch nehmen wir erst einmal Klimts Bildnis der «schönen jungen Wienerin in pfauenblauem, mit Silberplättchen belegten Kleid» (Franz Servaes anlässlich der Ausstellung des Bildes 1912 in Dresden) in Augen-

Bildnis Emilie Flöge (Öl auf Leinwand, 1902, Historisches Museum der Stadt Wien).
Da Emilie das Porträt nicht gefiel, verkaufte Klimt es 1908 an den österreichischen Staat für die neu gegründete Moderne Galerie – für die stolze Summe von 12 000 Kronen. (Dies war mehr, als im Schnitt das jährliche Ankaufsbudget der Niederösterreichischen Kunstsammlungen betrug!)

schein: Lebensgroß, den Oberkörper mit leichter Linksdrehung nach vorn gewandt, scheint ihre hoch gewachsene Gestalt beinahe den oberen Rahmen zu sprengen. Unter dem üppigen, ungebändigten dunklen Lockenschopf blicken uns unverwandt zwei irisierend blaue Augen an – vom Maler ebenso naturalistisch ausgeführt wie die gerade Nase und die sacht geröteten Wangen, während der Mund nur angedeutet ist. Stilisiert erscheinen auch Hals, Brustansatz und Hände, als gehörten sie eigentlich zu dem reich mit Spiralen gemusterten, gold und silbern ornamentierten Gewand. Der energische Gestus, mit dem das Modell die linke Hand in die Hüfte stützt, ist abgemildert durch die bloße Andeutung der Körperkonturen. Zudem ist diese Hand zwar durch helles Kolorit und die markante Stellung der Finger ein Blickfang, wirkt jedoch unnatürlich flach – die Biegung des Armes ist wiederum extrem betont durch das Plissee des Ärmels, die Stellung des Handgelenks eine Spur zu gerundet: So entsteht der Eindruck, als sei der ganze Körperteil künstlich angefügt. Die Bauschung des rechten Ärmels hingegen wirkt durchaus natürlich, und die leicht angezogenen Finger der herabhängenden Hand verraten eine Spannung, die mit dem frontalen Blick korrespondiert: ein dynamisches Kraftfeld inmitten der mosaikartigen Textur.

Hieratischen Charakter gewinnt das Porträt zum einen durch die (gotischen Vorbildern nachempfundene) Längung der Figur: Oben durchstößt sie das Bildgeviert, unten scheint der Saum des Gewandes, wie letzlich die ganze Gestalt, förmlich zu schweben, vor dem abstrakt flächigen Hintergrund. Zum anderen unterstreichen dessen feierliches Braungold und die opulente Ornamentik diesen Wesenszug, erst recht das byzantinisch anmutende Blumengebilde, das den Kopf wie eine Aureole umgibt – beinahe wie ein Pfauenrad, insofern die Motivik des Stoffmusters aufgreifend.

Die Auflösung der weiblichen Anatomie in der Fläche des «Fischkleides» und die fast ikonenhafte Starre haben häufig zu einer Interpretation dieses Porträts der Flöge als geradezu asexuelle Darstellung verführt. Setzt man statt der Fische eine andere, bei Klimt sehr gängige Wasserwesen-Metapher, nämlich die Nixe, ergibt sich jedoch eine verführerischere Interpretation! Mit leichtem Vorbehalt ... Etwas Nixenhaftes ist auch dem kurz zuvor (1900/01) entstandenen Auftragsporträt der Rose von Rosthorn eigen: Dort sind allerdings die Körperkonturen deutlich stärker betont, vor allem die Hüften, deren aufreizende Wöl-

bung noch von der auf sie «verweisenden» Hand mit den lasziv gespreizten Fingern hervorgehoben wird – angetan, wie der sinnlich runde Arm, mit gleißendem Geschmeide. Hiermit korrespondieren die wie in Erregung und Erwartung geröteten Wangen, der offene Mund sowie der Kontrast des pudrig blassen Inkarnats mit der paillettenglitzernden schwarzen Robe. Eine Dame der Gesellschaft, die im Kern ihres Wesens den triebhaften Wassernixen gleicht, die Klimt zur selben Zeit provokant auf die Leinwand bannt («Goldfische», 1901/02)!

Vom dämonischen Sexus einer Femme fatale ist Emilie Flöge auf ihrem Porträt sicherlich weit entfernt, ihre herausfordernde Haltung, die gleichfalls leicht geöffneten Lippen und das gewagte Dekolleté implizieren aber durchaus eine verhaltene Erotik: Wir stehen hier vor dem repräsentativen Bildnis einer selbstbewussten, modernen jungen Frau.

Eben letzterer Aspekt fand lange zu wenig Niederschlag in der Beurteilung ihres Verhältnisses zu Gustav Klimt, die sich noch weit widersprüchlicher zeigt als diejenige ihres Bildnisses. Dass die beiden nie heirateten, galt vor allem früheren Generationen als Beweis, dass es sich, ungeachtet Klimts Erotomanie und des über Jahrzehnte engen Kontaktes, um eine platonische Beziehung handelte. Der recht trockene Ton der brieflichen Korrespondenz (s. S. 52) schien solche Ansicht zu bestätigen, obendrein trübten Klischeevorstellungen von «hoher» und «niederer» Minne den Blick, mit strikter Trennung zwischen (un)reinen Bettgespielinnen und edlen Gefährtinnen. Es dauerte seine Zeit, bis man zu einer unbefangenen Sichtweise gelangte, und deren epochentypischer Wandel erinnert durchaus an die Spekulationen um Goethe und Charlotte von Stein ...

Eindeutige Belege für eine erotische Beziehung fehlen zwar auch im Falle Klimts und Emilies, man darf sie jedoch mit einiger Berechtigung voraussetzen. Wie es offenbar auch Zeitgenossen taten: In den Tagebüchern Alma Schindlers, der späteren Gattin Gustav Mahlers, heißt es unter dem 4. August 1898:

«Heute (...) fing Mama mir auf einmal an von Klimt zu sprechen: Weißt Du, Alma, ich wollte es Dir schon länger sagen. Es ist gar nicht schön vom Kl., dass er Dir so den Hof macht. – Er hat eine Bandelei mit seiner Schwägerin, und wenn Du ihm (wie es den Anschein hat) auch sehr gut gefällst, so dürfte er es doch nicht thun. – Es ist eine Gewissenlosigkeit und ist abscheulich von ihm.»

Die neunzehnjährige Tochter kontert, wie kaum anders zu erwarten, den Appell mit einer schnippischen Bemerkung ... In den autobiographischen Aufzeichnungen Almas mischen sich stets munter Dichtung und Wahrheit, auch bezüglich der Turtelei mit Klimt (s. S. 89), doch kann man ihr hier wohl Glauben schenken. Überbewerten sollte man ferner nicht die Nüchternheit der Postkarten Klimts an Emilie: Es handelt sich um für aller Augen «lesbare» Schriftstücke, bei denen man sich deshalb gewöhnlich intimerer Bemerkungen enthält. Außerdem hat die Flöge später einen Großteil der Korrespondenz vernichtet, möglicherweise aus Diskretion den in persönlicher Hinsicht interessanteren ...

Einem offiziellen Zusammenleben oder einer Heirat standen indes die gesellschaftlichen Konventionen der Zeit im Wege. Zwar waren etwa in der Berliner oder Münchner Künstlerboheme der Zeit Ehen ohne Trauschein schon üblich, im konservativeren Wien jedoch kaum geduldet. Eine Verehelichung hätte nach damaligen Usancen zudem für Emilie Flöge, die erfolgreiche Modeschöpferin und Unternehmerin, einen Rückzug auf die Rolle der Gattin bedeutet – was sicherlich auch kaum mit Klimts Lebensvorstellungen konform ging. Eine clandestine oder halb öffentliche Liaison ließ hingegen genügend Freiraum, die beruflichen Karrieren in angemessener Weise zu verfolgen: eng verbunden und doch unabhängig voneinander.

Hierin zeigt sich eine höchst moderne Auffassung der Geschlechterbeziehung, und es ist aufschlussreich, sich zwei – jeweils im Ökonomischen weiblich dominierte und zugleich konventionelle – Kontrastbeispiele aus dem näheren Umfeld der beiden vor Augen zu halten. Klimts ehemaliger Ateliergefährte Franz Matsch heiratete die Burgtheater-Diva Charlotte Wolter, erfreute sich entsprechender gesellschaftlich-finanzieller Vorzüge und avancierte zum gefeierten Salonmaler, blieb dabei aber ein Epigone Makarts. Der vielseitig talentierte, etwas weltfremde Koloman Moser machte eine ähnlich gute Partie, die ihm sorgenfreies künstlerisches Experimentieren ermöglichte; als jedoch das Kapital seiner Frau den Fortbestand der Wiener Werkstätte und ihm selbst Brot und Arbeit rettete (zunächst ohne sein Mitwissen), wurde er schmerzlich seiner wirtschaftlichen Nabelschnur gewahr.

Zurück zu Gustav und Emilie: Das gewählte Modell der getrennten Lebensgemeinschaft bedeutet gewiss manchen Verzicht und bleibt trotzdem, vielleicht mit gewissen Akzentverschiebungen, Jahrzehnte tauglich.

OBEN:
In der Sommerfrische am Attersee (Photographie aus einem Album in der Villa Paulick).
Auch im Urlaub trug Klimt gerne seine Malerkittel, Emilie ihre Reformkleider. Auf anderen Schnappschüssen ihrer Ausflüge ist er allerdings im feschen weißen oder gar im festlichen dunklen Anzug zu sehen.

GEGENÜBER:
Goldfische (Öl auf Leinwand, 1901/02, Kunstmuseum Solothurn, Dübi-Müller-Stiftung).
Das erotische Motiv der Nixe findet sich häufig im Werk Gustav Klimts, zuweilen mit lesbischen Anklängen (vgl. *Wasserschlangen I*, S. 116), doch nirgends mit so unverhohlen lockendem Gestus wie auf diesem Gemälde – eine provokante Replik auf den von konservativen Kreisen erhobenen Vorwurf, seine Kunst sei pornographisch.

Jedenfalls kann man alle Mutmaßungen, unerfüllte Liebe zu dem großen Maler habe bei Emilie zu lebenslanger «Hypernervosität» geführt, ins Reich der Legende verweisen. Dass von der Offenheit der Beziehung erotisch wohl vor allem Klimt profitierte, ist eine andere Geschichte ...

Jedenfalls zeigt er sich schon angetan von ihrem «fein modellirten Gesicht» (Berta Zuckerkandl), als er es 1891 kennen lernte und in einem konventionellen Porträt festhielt, eingefasst von einem eigenhändig mit Kirschblütenmotiven geschmückten Goldrahmen.

Die Photographien, die sich von Emilie Flöge erhalten haben, zeigen eine attraktive, temperamentvolle und lebenslustige Frau von robuster, wohl proportionierter Statur – kein «süßes Mädel», keinen Vamp, sondern ein gestandenes Wiener Weib, dessen Äußeres nicht eben eine Mehlspeisenphobie vermuten lässt. Sie und der athletische Klimt gaben ein Paar ab, das die Blicke auf sich zog, sei es in legeren Tuniken der Werkstätte oder im Abendgewand! Gesehen haben die beiden sich, außer im Urlaub, meist auch erst abends, zu gemeinsamen Theater-, Opern- oder Konzertbesuchen. Und tagsüber war häufig eine rege Kommunikation im Gange: per Korrespondenzkarte, die seinerzeit noch oft das Telephon ersetzte oder ergänzte.

Solche Karten wurden entweder in eiligen Fällen durch Boten überbracht und sonst durch die – mehrmals am Tage ausgelieferte – Post. Klimt zeigte sich gegenüber dem modischen Fernsprecher (im Modesalon Flöge seit 1905 vorhanden) ohnehin skeptisch und bemerkte anlässlich der Installierung seines eigenen Anschlusses im Februar 1912, der wohl im neuen Hietzinger Atelier erfolgte:

«In Schönbrunn viel viel Vögelgezwitscher ... Heut krieg ich doch mein Telephon – wer weiß wie ich mich giften werde damit.»

Was immer den Gedankensprung vom poetisch-chaotischen Vogelsang zur akustischen Technik auslöste: Die Befürchtung, damit komme auch Ärger ins Haus, hat sich bewahrheitet, wie folgender Brief bezeugt:

«Liebe Emilie! Mit dem blöden Telephon geht's einfach nicht – rufe schon 3mal auf – ‹besetzt› ist stets die stupide Antwort – Habe für heute 2 Sitze ‹Tannhäuser› ich komme abholen ($^3/_4$ 7) vielleicht schaut jemand vom Balkon daß ich nicht aussteigen muß. Herzlichst Gustav»

Das geschriebene Wort als Rettung in Zeiten der elektrischen Telekommunikation! Dem banalen Charakter solcher Mitteilungen entspricht oft ein eiliger Telegramm-Stil, der, wie gesagt, keineswegs zu voreiligen

Emilie Flöge (Photographie von d'Ora Benda, 1909).
Die Fünfunddreißigjährige posiert hier in einem Kleid mit plissierten Ärmeln und geometrischem Muster im Stil der Wiener Werkstätte, den sie auch in ihrem eigenen Modesalon pflegte. Inwieweit Gustav Klimt an Entwürfen solcher Stoffe beteiligt war, ist nicht mit Sicherheit nachweisbar – eine Serie entsprechender Photographien lässt diese Annahme jedoch zu (s. S. 217).

Herbststimmung im Prater. In Klimts Korrespondenz mit Emilie spielen Jahreszeiten und Wetter kontinuierlich eine Rolle. Gut gelaunt schreibt er ihr im Februar 1909, als optimistischen Prolog auf den Frühling:
«FASCHINGSDIENSTAG: TIVOLI. 5° Kälte SCHNEEGESTÖBER. FASCHINGSKRAPFEN IN DER STUM OSTEREIER IN DER SUNN. Hast Du das Telegramme (Adresse Grand Hotel Brüssel) erhalten? BESTE GRÜSSE AN DIE NICHTE AN DIE DICKE!
HERZLICHE GRÜSSE Gustav.»

Rückschlüssen auf die Gefühle der Beteiligten füreinander verleiten darf! Ein Musterbeispiel an Lakonie ist dieser Kartenbrief vom Dezember 1901:

«Liebe Emilie! habe Dir gesagt daß ich heute nicht komme theile Dir mit, das ich doch komme Besten Gruß Gust.»

Solch gute Überraschung ließ die Adressatin gewiss die Kürze der Nachricht verzeihen! Für die neugierige Nachwelt bilden Klimts Karten an Emilie – ein Konvolut von fast 400 Schriftstücken aus der Zeit von 1897 bis 1917 – ein aufschlussreiches Mosaik seiner privaten, beruflichen und gesellschaftlichen Aktivitäten.

Längere Briefe Klimts an Emilie haben sich kaum erhalten und wurden sicherlich auch selten verfasst, aus der Menge der Kurzkorrespondenz stechen lediglich einige ausführliche Berichte von Auslandsreisen heraus. Die Diktion des Kartenschreibers ist meist locker, von Dialekteinsprengseln durchsetzt, unbekümmert in der Orthographie, nachlässig in der Interpunktion. Das Schriftbild oszilliert zwischen graphischem Kunstwerk und Kryptogramm, mit mancher Arabeske wird selbst die im Dechiffrieren der genialischen Lettern erfahrene Emilie ihre liebe Not gehabt haben ... Umso mehr Freude an vielen Bildmotiven: Neben gängigen (teils kolorierten) Veduten («Diese Wiener Photographen soll man ruhig alle erschlagen wegen ihrer blöden Ansichtskarten») greift Klimt ab 1908 bevorzugt zu den attraktiven, von namhaften Künstlern – darunter Hoffmann, Kokoschka, Moser und Schiele – entworfenen Postkarten der Wiener Werkstätte. In wahrhaft bunter Folge und diversen Motivreihen erscheinend, von Wiener Sehenswürdigkeiten oder Blumen bis zur Mode, dienen sie zugleich als wohlfeile Reklame für dieses Unternehmen. Erledigt wird die tägliche Korrespondenz von Klimt gewöhnlich während des Frühstücks im Tivoli, sofern seine Aufmerksamkeit nicht absorbiert wird, wie am 1. März 1913:

«TIVOLI 2° unter. Sturmwind heiter. Gestern abends gelinder Regen, wunderbarer Erdgeruch – herrlicher Geruch nach Frühling – Frühling in der Nase – heut wieder Winter und kalt. Contact etwas gestört durch Gesellschaft muß die Karten vorher schreiben.»

«Gestern abends gelinder Regen, wunderbarer Erdgeruch...»

Eine ähnliche Störung gibt es tags zuvor, als Klimt, wie des Öfteren, unterwegs eine Karte schreibt: «Stadtbahnzug. Der unruhigen Gesellschaft wegen mußte ich das Schreiben unterbrechen.» Und ein gewisses Maß an Konzentration erfordern auch wenige Zeilen, will der Verfasser nicht nur irgendetwas mitteilen, sondern Atmosphäre vermitteln, wie im obigen Beispiel ...

Das thematische Spektrum der Korrespondenz mit Emilie umspannt, außer der Reisepost, das gesamte Alltagsleben: Beruf, Geselligkeit, Wetter, Kulinarisches, Gesundheit. Neben Impressionen aus dem Atelier finden sich Ankündigungen von Sitzungen der Secession oder Berichte über Verhandlungen mit Auftraggebern, so im Juni 1912 über das Bildnis der Primavesi-Tochter Mäda: «Frau M. mit ihrem Tochterporträt bis Herbst abgeschüttelt froh darüber.» Mitunter bittet Klimt auch Emilie um Entlastung bei solchen Dingen: «Liebe Emilie! Habe den Brief für Munk nicht geschrieben. Wenn Du lieb sein willst so telefoniere Gallia daß ich komme.»

Ebenso regelmäßig wie über das Organisatorische wird die Gefährtin über die aktuelle Arbeitslaune des Malers in Kenntnis gesetzt, der oft lieber faulenzen würde, sich an manchen Tagen «trüb (und) talentlos» fühlt oder mit Terminschwierigkeiten hadert. An einem heiteren August-

Postkarte der Wiener Werkstätte, geschrieben von Gustav an Emilie im Juli 1908:
«Wie wird der Blumenmangel motiviert? Morgen Abend fahr' ich ab (nach München) wohne bei den 4 Jahreszeiten. Beste Grüße Gustav»

tag des Jahres 1917 wählt er, sozusagen als Reflex auf innere Schatten, eine Ansichtskarte mit Motiv «Wien bei Nacht»:

«Tivoli heiter und schön. Ich das Gegenteil! Schwerblütig – Blei statt Blut. Aufgehetzt – dann wieder halbtodt – Gestern ein bissl aufgeräumt Abends wieder zerknirscht – Heute fang ich am Kinderbild mit Farben an.»

Flüche über die «Sauarbeit» sind alles andere als selten und münden einmal in die selbstkritisch-verzweifelte Bemerkung: «Wetter heiter, frisch. Ich blöd! Fühle mich wie ein zu lebenslänglicher Zwangsarbeit Verurtheilter.» Was ihn im Sommer 1910 so peinigte, waren die aufwendigen, sich endlos hinziehenden Arbeiten für das Palais Stoclet in Brüssel (s. S. 116), die ihm schließlich «unter dem Dibl beim Gnack heraus» wuchsen (d. h. zum Halse heraushingen; die Formulierung spielt zugleich an auf einen Abszess, an dem Klimt damals litt). Schon das Resümee des ersten Tages für dieses Projekt fiel recht kläglich aus:

«Bethörend war die Sache nicht der erste Arbeitssonntag – immerhin ist etwas gescheh'n ein ‹Ruckerl› vorwärts. Ein Kater heulte leider den ganzen Tag seine Klagelieder.»

Solchen – hier gleich zweifachen – Katzenjammer dürfte Emilie mit einem Lächeln quittiert haben, im sicheren Bewusstsein, dass am Ende wie immer der Erfolg wartete, allerdings erschwert durch die enorm hohen Ansprüche, die Klimt stets an die Qualität seiner Werke stellte.

Eine ganz andere Kontinuität fällt bei den Karten ins Auge, wenn Klimt entweder aus Wien an die anderswo weilende Emilie schreibt oder er selbst unterwegs ist: Kein Brief ohne wenigstens einen kurzen Wetterbericht, von der Art «Winterlich, Nebel, 1° Kälte Tendenz zur Ausheiterung». Einmal bemerkt er augenzwinkernd über diese Marotte: Fehle auf der ersten Karte der Kommentar zum Wetter, sei dies ein sicheres Indiz, dass eine zweite folge! Allenthalben unübersehbar ist eine Tendenz zur Dependenz der Laune des Korrespondenten vom Launischen des Wetters, und launig fallen oft auch seine Kommentare aus:

«Es ist ein schneidiger Frühlingstag geworden Die Vogerln singen und rufen laut, wie in der besten Zeit – mein Kreuz wird auch besser und will sich einrenken».

Gerne erweitert der Naturfreund den meteorologischen Befund um ein Stimmungsbild: «Morgens Schönbrunn schweres Duften nach Regen und Linden ein wenig trübseelig.» Gar nicht trübselig reagiert er auf eine kleine Katastrophe, die sich im März 1909 im Josefstädter Atelier zuträgt:

«Sonntag Mittag Es ist inzwischen heiter geworden und es thaut gewaltig – allerdings nur wo die Sonne hinkommt. Mir läuft das Wasser in die Werkstatt – Aber ich nehm' es geduldig hin!»

Kurzum: Hält sich nun Emilie am Attersee auf und Gustav in Wien, oder diese dort und er etwa in Italien – sie sind immer beidseits über Sonne, Nebel oder Gewitter informiert und geben sich gar Tipps für den Reiseweg («Allerorten Schneeverwehungen und Lawinen erkundigt Euch ob es rathsam ist durch die Schweiz heimzukehren»). Besonders ungemütlich traf Klimt es im Dezember 1903 in Italien an:

«Gestern abend bei Regen wolbehalten hier angekommen – ganze Nacht Gußregen – sogar im Hotelzimmer vom Plafond herunter (...) in Ravenna viel armseliges».

Für diese Malaise entschädigten ihn aber die berühmten byzantinischen Goldmosaiken in der Kirche San Vicente! Ein ehernes Gesetz des touristischen Ansichtskartentextes lässt in der thematischen Hierarchie dem Wetter meist unmittelbar das Essen folgen, und der Maler auf Reisen macht hierin keine Ausnahme. Grantelt er aus Innsbruck nur lakonisch, der Kaffee sei schlecht (wie ihm überhaupt die Stadt wenig zusagt), heißt es im Oktober 1909 aus Madrid:

«Donnerstag 6 Uhr Früh – Der französische und noch weniger der spanische ‹Fraß› sind mir sonderlich zuträglich – letzterer Zeit auch hie und da Sodbrennen – Schöne Spanierinnen noch immer ausständig! Auf der Straße ist ständig Lärm – bis spät in die Nacht hinein und schon am frühen Morgen – eine Bagage!»

Offensichtlich rührt die Magenverstimmung also nicht nur vom Essen, sondern vom auch an anderer Stelle beklagten «Geschrei» ... Zuvor in Paris fühlt er sich vom Benzingestank der Autos belästigt und geht, als von «kleinen Schwarzen» und «großen Braunen» verwöhnter Wiener, hart mit dem labberigen Kaffee ins Gericht: «Café mit oder ohne lait ist jedenfalls ein ‹Gschlader› Sonst geht's mir gut. Herzlichst Gustav.»

Trostreich erweisen sich in solch defizitärer Situation die Süßigkeiten, die Emilie ihm offenbar als Reiseproviant mitgab: «Freitag Zehre noch immer an den Bromb. Buss. Sie sind noch gut und erwecken die angenehmsten Erinnerungen an den Sommer – dazwischen die ‹Spitzbuben› mit gleicher Wirkung.»

Brombeerbusserln (s. S. 73) und Spitzbuben als Mehlspeisen-Reminiszenz an den vergangenen Sommer und die Busserln der in Wien

«Die Vogerln singen und rufen laut, wie in der besten Zeit ...»

zurückgelassenen Gefährtin vermögen jedoch das Heimweh nicht gänzlich zu vertreiben: «Mein Gehirn und mein Magen – beide wünschen auch schon heimzureisen und mahnen leise.»

Heimweh überfiel Klimt allerdings regelmäßig auf seinen Auslandsreisen, und er hat dort keineswegs nur schlechte kulinarische Erfahrungen gemacht. So sichert im Mai 1909 ein «grössestes Frühstück (im) Hotel Stern» die Energie für einen anstrengenden Tag in Prag, und aus Pontebba heißt es im November 1903:

«Leidlich gut geschlafen. Capricerl sehr gut, ditto Strudel heute prachtvolles Wetter und wunderschöne Fahrt.»

Womit der Maler sich wiederum im Strudel des Wiener Alltagslebens verköstigte, soll uns an anderer Stelle noch genauer interessieren (s. S. 142) – beschränken wir uns hier auf den Hinweis, dass die Behauptung seiner Schwester Hermine, er habe meist zu Hause in der Westbahnstraße ein karges Abendmahl eingenommen und sei früh zu Bett gegangen, nicht zutreffen kann.

Erstens, so viel belegen andere Quellen, pflegte Klimt nach reichlichem Frühstück tagsüber nur wenig zu sich zu nehmen und genau die Hauptmahlzeit auf den Abend zu verschieben. Zweitens, und dies erhellt auch seine Korrespondenz, verbrachte er die Abende gewöhnlich in geselliger Runde – gelegentlich bei Freunden, sonst in Restaurants, während der schönen Jahreszeit gerne im Prater. Eine typische Meldung ergeht an Emilie im Juli 1909:

«TIVOLI Donn. Gestern Abends beim ‹Hahn› und Schweinscarrée Kraut m. Knödel. 10 im Bett.»

Ausnahmsweise kam er also, nach deftigem Nachtmahl, beizeiten in die Federn, häufiger erging es ihm wie im Februar desselben Jahres, als er «verdraht» (verkatert) seine Frühstücks-Epistel verfasst:

«TIVOLI – SAMSTAG – um Null herum ‹bisserl Sonne› ‹Verdraht› Sitzung dann (Cabaret) Fledermaus mit Herm(ann) Res(l) Bach. Hr. u. Fr. Quidenus – 3 Uhr heim, leider schlecht geschlafen. Herzlichst GUS»

Dass die Nachtschwärmer es so lange im «Cabaret Fledermaus» in der Kärntner Straße aushielten, mag auch am exquisiten Ambiente im Stil der Wiener Werkstätte (nach Entwürfen Koloman Mosers) gelegen haben: Gründer des 1907 eröffneten Cabarets war deren erster Financier Fritz Waerndorfer … Die Kostüme für das Premierenprogramm («Masken» von Peter Altenberg) gingen auf Entwürfe Klimts zurück.

Restauration des Lusthauses im Prater. Das am Ende der Hauptallee gelegene Lusthaus war häufig Station auf Klimts ausgedehnten Promenaden im Prater.

Auch im Theater fand sich der Maler in der unsichtbaren Loge der Schaffenden und Genießenden wieder.

gestern (Freitag) wieder wol – ‹Diebl› von selbst aufgegangen aber noch immer ein mächtiges Horn, Brandwunde eine starke ‹Kretzn› ebenso Kopfwunde – alles sehr hübsch.»

Immerhin ringt der Beklagenswerte sich zu einer ironischen Schlusswendung durch! Rührt der Ärger hingegen nicht von «Diebln» und Katarrhen, sondern der «enormen Blödheit» seiner Mitmenschen, meldet sich oft, schriftlich kaum sublimiert, Klimts Neigung zum Jähzorn. Gerne würde er selbst dann «eine lustige Karte schreiben», doch sein Temperament lässt ihm anderes aus der Feder fließen:

«Gestern solid gewesen – heute ausgeschlafen – thut wol! GLAUBST DU AN BLÖDE WEIBER? – EIN SOLCHER TROTTL! PRATZEN zittert ein bissl! Herzlichst GUSTAV»

Wer immer sich hinter der – selbigen Tags noch «drei blöde Luder» gescholtenen – weiblichen Trias und dem «Trottl» verbarg, in solchen Augenblicken neigte Klimt sicher zur Misanthropie eines anderen illustren Wieners, nämlich Johann Nepomuk Nestroys, von dem die geschliffene Sentenz überliefert ist: «Der Mensch ist gut – aber die Leut san a Gesindl.»

Und wo erholt sich der Wiener am besten von derartigen Misshelligkeiten, wenn nicht im Kaffeehaus? Im Theater! Dort sind, selbstverständlich nicht nur unter solchen Voraussetzungen, Gustav Klimt und Emilie Flöge häufig gemeinsam anzutreffen. Die erhaltene Korrespondenz der beiden setzt ein mit etwas «onkelhaften» Briefchen Klimts, neben gemeinsamen Französisch-Stunden vorwiegend Theaterbesuche betreffend; gelegentlich sind auch Emilies Schwestern mit von der Partie, wie bei dieser launigen Einladung vom April 1899:

«Liebe Emilie! Habe für Mittwoch die Königsloge (III. Rang) im Operntheater genommen und lade Euch 3 Weiber für diesen Abend ergebenst ein. Solltet Ihr wider Erwarten nicht können, bitte ich um Verständigung. Besten Gruß Gustav.»

Nach den Karten zu urteilen, zieht es die beiden regelmäßig mehrmals im Monat ins Theater, wobei sämtliche renommierten Wiener Bühnen ihr Interesse finden, von Oper und «Burg» über Raimund- und Carls- bis zum Volkstheater oder dem «Ronacher». Das Theaterleben der Hauptstadt hatte damals eine Menge zu bieten: brillante Schauspieler wie Josef Kainz oder Charlotte Wolter sowie eine Reihe begnadeter Dramatiker vom Schlage Hermann Bahrs, Hugo von Hofmannsthals und

Arthur Schnitzlers. Hinzu kamen Gastspiele deutscher, vor allem Berliner Bühnen (so besucht Klimt mit Emilie einmal ein Gastspiel der «Gespenster» von Henrik Ibsen). Wiener Bühnendichter sahen sich oft in der kuriosen Situation, dass ihre zu Hause als skandalträchtig abgelehnten Stücke die Uraufführung in Berlin erlebten (vor allem am Deutschen Theater unter Otto Brahm), wo auch Samuel Fischer, bedeutendster Verleger österreichischer Gegenwartsautoren, ihre Texte publizierte …

Der Zuschauerraum des alten Burgtheaters
(Gouache auf Papier, 1888,
Historisches Museum der Stadt Wien).
Unter den hier von Klimt detailgenau «porträtierten» Größen der Wiener Gesellschaft befanden sich unter anderem die Burgschauspieler Katharina Schratt (s. S. 16) und Alexander Girardi (s. S. 167).

Dass Klimt mit den wichtigsten Wiener Schriftstellern seiner Zeit teils gut bekannt war, wurde bereits erwähnt, wie er überhaupt, gemessen an seiner bescheidenen Schulbildung, ein Belesener mit stattlicher Bibliothek wurde. Ob er tatsächlich stets ein Exemplar von Goethes «Faust» bei sich trug und vor der Staffelei Verse Dantes und Petrarcas deklamierte, wie Zeitgenossen berichten? Eine aparte Anekdote allemal.

Bei spontanen Plänen für einen gemeinsamen Theaterabend muss Klimt manchmal an Emilie melden, es sei leider alles ausverkauft, gelegentlich helfen auch persönliche Beziehungen, etwa der Kontakt zu Gustav und Alma Mahler (der bereits erwähnten Alma Schindler), die obendrein Kundin von Emilies Modesalon ist. Stellvertretend für alle anderen «Theaterkarten» Klimts an Emilie sei der folgende, in seinem chaotischen Hin und Her typische und höchst amüsante Brief zitiert:

«Liebe Emilie! Kann leider nicht – bin sehr schäbig angezogen und habe überdies gar keine Lust – aber vielleicht kann ich Euch abholen schau mir eventuell den letzten Akt an – jedenfalls kannst Du ja gehen und ich komme um 9 Uhr möglicherweise auch früher eben doch hin abzuholen. Ich habe nicht einmal einen Überzieher an. Ist es die Mahlerloge? Falls Dir die Geschichte nicht paßt so bin ich 9 Uhr Lastenstraße bitte aber in diesem Falle um Nachricht. Bekomme ich eine solche nicht dann bin ich nach 8 in der Oper abzuholen und weiß auch daß Ihr die Mahlerloge habt Allerherzlichst GUSTAV.»

Mit «Mahlerloge» ist die Direktionsloge gemeint, die während seiner damaligen Amtszeit Gustav Mahler zustand und die er mitunter Freunden zur Verfügung stellte. Klimts Bekanntenkreis nehmen wir bei unserem Streifzug durch die Wiener Lokale näher in Augenschein, und Emilie als Leiterin ihres Modeateliers wird uns in einem eigenen Kapitel beschäftigen. Zum Beschluss des postalischen Panoramas hier ein Auszug aus einem langen Brief, den «Midi» von Klimt im Oktober 1909 aus Paris erhält:

«Ich glaube die Reise hat mir summa summarum gut gethan – ich habe vieles gewonnen – manches verloren – komm etwas ‹gedeftet› aber ‹alser Ganzer› zurück. Nun freue ich mich königlich auf mein dummes liebes Midelinchen, Midessa etc. – vielleicht kommt sie am Bahnhof – jedenfalls bin ich am Don(nerstag) bei ihr. Die erste und letzte Nacht in Spanien hab ich geträumt von ihr. Weißt Du noch von der Verabredung wegen des Briefes? Alles ist! Allerherzlichst Gustav»

Der Kuss (Öl auf Leinwand, 1907/08, Österreichische Galerie Belvedere, Wien).
In Klimts wohl berühmtestem Werk vermählen sich die Liebenden in der Aura des Goldes und der Poesie von Farbe und Flora zu einem Idealbild des siegreich über die Welt erhobenen Eros. Der Gedanke, Klimt habe hier auch seiner Beziehung zu Emilie ein Denkmal setzen wollen, liegt durchaus nahe – allerdings kommt sie, angesichts des fragilen rothaarigen Wesens auf dem Gemälde, nicht als weibliches Modell in Frage (wie in Forschungskreisen eine Zeit lang vermutet).

ERDÄPFELGULASCH

Kartoffelkulturell spielte Wien bereits im 17. Jahhundert eine Rolle, als Botaniker am Kaiserhof die vormals für giftig erachteten peruanischen «Tartufeln» zu züchten begannen und für ihre Verbreitung sorgten. In einem österreichischen Kochbuch von 1795 erfreuten sich die Erdäpfel bereits großer Wertschätzung wegen ihres milden, an Mandeln erinnernden Geschmacks.

(4 Portionen)
1 kg Erdäpfel (Kartoffeln)
40 g Fett
40 g Speck
250 g Zwiebeln, fein geschnitten
1 TL Paprikapulver
Essig zum Ablöschen
$^1/_2$ TL Kümmel
etwas Majoran, fein gehackt
Knoblauch nach Belieben, fein geschnitten
Salz

Die rohen Erdäpfel/Kartoffeln schälen und in Würfel schneiden.
Den kleinwürfelig geschnittenen Speck in heißem Fett glasig auslassen, die Zwiebeln darin goldgelb dünsten, mit Paprika bestäuben und mit etwas Essig und Wasser ablöschen.
Kümmel, Majoran und Knoblauch zugeben, ebenso die Kartoffelwürfel, salzen und mit Wasser knapp bedecken. Zugedeckt weich dünsten (etwa 20–30 Min.).
Man kann auch in Streifen geschnittene Paprikaschoten und würfelig geschnittene Paradeiser (Tomaten) mitdünsten und geschnittene Räucherwurst als Einlage am Schluss beigeben und kurz erhitzen.
Nach Belieben mit fein geschnittener Petersilie bestreut servieren.

Als Aromaten (nach Belieben): 1 Paprikaschote, in Streifen geschnitten, 2 Paradeiser (Tomaten), in Würfeln, Räucherwurst, fein geschnitten, etwas Petersilie, fein geschnitten.

BACKHENDERL

(4 Portionen)

2 junge Hähnchen (»Hendl«), je 600–800 g
2 Eier
1 TL Öl
Salz
helle, nicht zu feine Semmelbrösel
2 EL Weizenmehl
Schweineschmalz
(oder anderes wasserfreies Fett,
z. B. Butterschmalz) zum Ausbacken
Petersilie
1 Zitrone, in Achtel geschnitten

Die vorbereiteten Hendl waschen, trockentupfen und portionieren: Zunächst halbieren und den Brustknochen entfernen; die Hälften noch einmal zwischen Schenkel und Brust teilen; die Schenkel am Gelenk leicht einschneiden; Schenkelknochen einwärts, Flügel gegen den Hals drehen. (Bei Verwendung der Innereien die Hühnermägen öffnen, häuten und waschen, ebenso die von der Galle befreite Leber. Den Magensack entfernen.) Die Haut darf nicht abgezogen werden. Hühner mit zäher Haut sollten nicht verwendet werden!

Die Eier mit Öl verquirlen und leicht salzen. Semmelbrösel und Weizenmehl auf separate Teller geben. Die einzelnen Geflügelstücke ebenfalls gut salzen und vollständig in Mehl tauchen, etwas schütteln, damit alles überflüssige Mehl abfällt. Durch die Eiermasse ziehen und darin wenden, so dass die Teile gut damit bedeckt sind. Jetzt Stück für Stück locker in Semmelbröseln wälzen; lose anhaftende Brösel wieder abschütteln. Immer nur so viele Stücke panieren, wie man sofort backen kann, um zu verhindern, dass die Panade feucht wird.

In einer hohen Pfanne das Fett erhitzen. Die panierten Stücke schwimmend (und nicht zu rasch) gleichmäßig auf beiden Seiten goldbraun backen (Bruststücke etwa 10 Minuten, Schenkel etwa 15 Minuten). Die Pfanne dabei mehrmals rütteln, damit das heiße Fett über die einzelnen Stücke geschwemmt wird. Sie dürfen kein zweites Mal gewendet werden!

Geflügelteile herausnehmen, das Fett abtropfen lassen und im vorgewärmten Backrohr warm stellen. (Zum Schluss nach Belieben die Mägen und die zuvor mit der Gabel einige Male eingestochenen Lebern ebenfalls panieren und in Fett ausbacken.)

Schließlich das gewaschene, trocken getupfte Petersiliengrün ins heiße Fett geben und unter ständigem Bewegen mit einer Gabel kurz backen. Die Kräuter dürfen dabei ihre grüne Farbe nicht verlieren! Die warm gestellten Backhendlstücke auf einer Serviette auftürmen, mit der gebackenen, leicht gesalzenen Petersilie garnieren und links und rechts davon je ein Zitronenachtel legen.

Als Beilage passen zarter Kopfsalat, Sellerie-, Gurken-, Vogerl- (Feld-) oder gemischter Salat.

Diese «bekannte Wiener Lieblingsspeise» (Adalbert Stifter) ist gemäß dem Wiener «Appetitlexikon» von 1894 «eine Tatsache der österreichischen Kulturgeschichte, die dem ganzen Land zur Ehre gereicht». Was nicht verhindern konnte, dass man den Vogel dort mitunter abschätzig als «Bröselgeier» bezeichnet. Bereits 1719 ist in einem Kochbuch von «Hünlein aus abgeschlagenen Eiern gebacken» die Rede: Damals (und auch zu Klimts Zeiten) wurden sie vollständig mit Haut und Knochen paniert. «Backhendlperiode» ist eine gängige Wiener Bezeichnung für das Biedermeier (im Sinne der guten alten Zeit), einen dicken Bauch benennt man spöttisch «Backhendlfriedhof».

MILLIRAHMSTRUDEL

(10 Portionen)
200 g feines Weizenmehl (Type 405)
1 Ei, Salz
ca. $^{1}/_{16}$ l lauwarmes Wasser
1–2 EL Öl
(oder tiefgekühlten Strudelteig)

Für die Fülle:
10 altbackene Semmeln (oder Weißbrot), entrindet und in kleine Würfel geschnitten
ca. $^{1}/_{4}$ l Milch, 100 g Butter
120 g Staubzucker (Puderzucker)
5 Eidotter
100 g Topfen (Quark), ausgedrückt
ausgekratztes Mark von 1 Vanilleschote
abgeriebene Schale von 1 unbehandelten Zitrone
$^{1}/_{8}$ l Sauerrahm
5 Eiweiß, 40 g Kristallzucker
80 g Rosinen (gebrüht und abgetropft oder in Rum eingeweicht)
flüssige Butter
Für den Guss:
$^{1}/_{2}$ l Milch, 1 Ei
50 g Zucker (am besten brauner Rohrzucker)

Für die Canarimilch:
$^{1}/_{2}$ l Milch
Vanillearoma (Mark von $^{1}/_{2}$ Schote oder Vanillezucker)
120 g Zucker
20 g Puddingpulver oder Maisstärke (Mondamin)
3 Eidotter
$^{1}/_{16}$ l Obers (süße Sahne)

Für den Strudelteig: Aus allen Zutaten auf nicht bemehltem Brett einen halbweichen, glatten Teig kneten. Wenn er sich von Händen und Brett löst, auf ein bemehltes Brett legen, die Oberfläche mit Öl bestreichen. Etwa 30 Minuten ruhen lassen.

Den Teig auf einem mit Mehl bestreuten Strudeltuch rechteckig ausrollen und nach allen Seiten mit der Hand so dünn wie möglich ausziehen. Man greift dazu mit dem bemehlten Rücken der einen Hand unter den Teig, beginnt mit der anderen, immer von der Teigmitte aus, vorsichtig in Richtung Tischkanten zu ziehen. Der Teig sollte papierdünn werden und über die Kanten des Tisches gespannt sein.

Für die Fülle: Die Semmelwürfel in Milch einweichen. Butter, Puderzucker, Eidotter, ausgedrückten Topfen, Vanillemark und etwas geriebene Zitronenschale in einer Schüssel schaumig rühren, nach und nach die übrigen Zutaten hinzufügen (mit Ausnahme der Rosinen, die man erst auf die aufgetragene Fülle streut), zuletzt die eingeweichten Semmelwürfel. Das Eiweiß steif schlagen, Kristallzucker einrieseln lassen und die Masse locker unter die Füllung ziehen.

Die Fülle auf dem ausgezogenen Strudelteig verteilen (nur zwei Drittel der Fläche damit bedecken) und zusammenrollen. Die Ränder mit Butter bestreichen und fest zusammendrücken. In einem feuerfesten, mit Butter ausgestrichenen Geschirr (Jenaer Glas oder Reine) im Rohr bei 160–190 °C (Gas Stufe 2) etwa 45 Minuten backen.

Für den Guss: Alle Zutaten verrühren. Im Unterschied zum Topfenstrudel kommt hier sofort ein Drittel der Masse dazu, der Rest nach und nach während des Backens, d. h., der Millirahmstrudel wird eher gekocht als gebacken. Während der Garzeit die Canarimilch zubereiten.

Für die Canarimilch: Zwei Drittel der Milch mit Vanille aufkochen. Das restliche Drittel mit Zucker und Stärke verrühren, alles mit dem Schneebesen unter stetem Schlagen in die kochende Milch einarbeiten und einmal aufkochen lassen. Von der Herdplatte ziehen, mit Obers und Eidottern legieren.

Den fertigen Strudel noch warm mit der Canarimilch servieren – deren Name geht zurück auf die Zeit, als man für Saucen dieser Art bevorzugt den exzellenten Rohrzucker von den Kanarischen Inseln nahm.

DUKATEN-BUCHTELN

(6 Portionen)
Für den Hefeteig:
$^1/_8$–$^1/_4$ l lauwarme Milch
15 g Germ (Hefe), zerbröckelt
40 g Zucker
50 g Butter, in Flöckchen
1 TL Salz
ausgekratztes Mark von
1 Vanilleschote
(oder 1 Päckchen Vanillezucker)
200 g Weizenmehl
2 Eidotter
abgeriebene Schale von
1 unbehandelten Zitrone
etwas zerlassene Butter für die Pfanne
und zum Bestreichen der Buchteln

Für die Fülle:
Marmelade nach Belieben
(z. B. aus Marillen/Aprikosen)
oder Powidl (s. Palatschinken, S. 202)

Zum Servieren:
Canarimilch (s. Rezept Millirahmstrudel, S. 70) bzw. Puderzucker zum Bestäuben

Für den Hefeteig: Aus etwa einem Drittel der lauwarmen Milch, zerbröckelter Hefe, etwas Mehl und einer Prise Zucker einen Vorteig («Dampfl») ansetzen und kurz an einen mäßig warmen Ort beiseite stellen.
Den Rest der Milch mit Butter, Salz, Vanille und dem Rest des Zuckers etwas erwärmen (etwa 30 °C). In der Zwischenzeit das Mehl in eine Schüssel sieben. In die Mitte eine Vertiefung drücken und den Vorteig hineingeben. Die warme Vanillemilch, Eidotter und Zitronenschale dazugeben und alles zu einem glatten Teig verarbeiten. Dabei so lange schlagen und kneten, bis er sich gut von der Schüssel löst. (Wenn nötig, etwas Mehl bzw. warme Milch hinzufügen.) Den Teig mit etwas Mehl bestäubt in der mit einem Tuch bedeckten Schüssel gehen lassen, bis er in seiner Größe etwa ein Drittel zugenommen hat. Zwischendurch einmal kräftig durchkneten.
Für die Fülle: Den Teig auf einem mit Mehl bestäubten Brett gut fingerdick ausrollen. Mit einem kleinen Glas runde Stücke von etwa 2–3 cm Durchmesser ausstechen. In jedes eine Vertiefung drücken, mit Marmelade füllen und die Ränder darüber fest zusammendrücken.
In einer eckigen Pfanne (ca. 25 x 25 cm) mit zerlassener Butter diese «Dukaten» reihenweise dicht nebeneinander setzen. Zugedeckt an einem warmen Ort noch einmal ruhen lassen, bis sie erneut um die Hälfte aufgegangen sind.
Im vorgeheizten Rohr bei Mittelhitze (180–190 °C, Gas Stufe 2) etwa $^1/_2$ Stunde goldbraun backen. Dabei nach Belieben mehrmals mit zerlassener Butter bestreichen. Falls gewünscht, in der Zwischenzeit die Canarimilch zubereiten.
Die Buchteln abkühlen lassen und stürzen. Etwas auseinander ziehen und mit Puderzucker bestäubt bzw. mit Canarimilch servieren.

Die Buchtel (vom tschechischen buchta) heißt in nördlicheren Gefilden Rohrnudel und wird mit Canarimilch serviert oder einem «Schado». Dieser wiederum ist französischer Herkunft (chaudeau) und bezeichnet eine im Wasserbad (chau d'eau!) geschlagene, lockere Weincreme, die auch zu Biscuit-Mehlspeisen und Kuchen passt.

BROMBEERBUSSERLN

Mit Brombeerbusserln versorgte Emilie ihren Gustav im Herbst 1909 auf seiner Reise nach Paris (s. S. 57), wo er angesichts der enttäuschenden Pariserinnen auch von anderen Busserln der Geliebten geträumt haben dürfte.

250 g Weizenmehl
100 g Kristallzucker
400 g feine Semmelbrösel
3 Eigelb
1 TL Rum
abgeriebene Schale von
1 unbehandelten Zitrone
100 g Butter
100 g Butterschmalz
kleine runde Backoblaten
1 Eigelb zum Bestreichen
100 g Brombeermarmelade
(von fester Konsistenz)

Mehl und Zucker auf ein Backbrett sieben. Semmelbrösel hinzufügen und eine Mulde in die Masse drücken. Dort Eigelbe, Rum und Zitronenschale hineingeben.
Butter und Butterschmalz schaumig rühren. Mit den vorbereiteten Zutaten auf dem Brett zu einem geschmeidigen Teig verarbeiten. Daraus eine Rolle von circa 4 cm Ø formen und kalt stellen.
Aus dem gekühlten Teig Stücke abschneiden und daraus flache Kugeln formen. Diese auf Oblaten setzen und in die Mitte jeweils eine Vertiefung drücken (z. B. mit dem Stiel eines Kochlöffels). Die Kugeln mit Eigelb bestreichen und die Vertiefungen mit Brombeermarmelade füllen.
Im auf 190 °C (Gas Stufe 2) vorgeheizten Ofen 20 Minuten goldgelb backen. Wie alle anderen Busserln schmecken auch diese am besten frisch!

ATELIERWESEN

VORHERGEHENDE DOPPELSEITE
Hunderte Obstbäume zierten den riesigen Garten um Klimts Hietzinger Atelier.

UNTEN:
Mitunter im Dutzend bevölkerten Klimts samtpfotige Lieblinge Atelier und Garten. Zu Hunden hingegen schien der Maler eher ein gespanntes Verhältnis zu haben, soweit seine Bemerkung auf einer Karte an Emilie als repräsentativ gelten kann: «Os … gibt sammt sein Dreckdackl keinen Moment Ruhe.»

Kehren wir noch einmal zurück in das Refugium des Ateliers, in der schönen Jahreszeit, wenn es geborgen ist unter dem Blätterdach hoher Bäume und der Garten mit Blumen übersät. An irgendeinem lauschigen Plätzchen, einer alten Bank vielleicht, döst eine Katze, putzt sich, hingebungsvoll die Pfoten leckend, und schnappt träge nach einem Insekt, das sich in ihre Nähe verirrt hat. Aus dem Abendschatten, der allmählich schon auf das niedrige Haus fällt, tritt eine schlanke weibliche Gestalt, rafft die Schöße ihres hellen Kleides und huscht, am Jasminbusch vorbei, über die Wiese davon – eine Szene, wie sie sich zwanzig Jahre lang in der Josefstädter Straße und später in der Feldmühlgasse öfter abgespielt haben mag. Als Protagonisten versammelt sie drei zentrale Wesenheiten jener Schauplätze: Blumen, Katzen und attraktive Frauen.

Seine getigerten Freunde brachte Klimt seltsamerweise nie auf die Leinwand, in extenso dagegen katzenhaft geschmeidige weibliche Geschöpfe und die verschwenderische Pracht von Blumen und Blüten. Rufen wir uns ins Gedächtnis, welchen Eindruck der Hietzinger Garten auf Besucher machte (hier auf Walther Zöhrer):

«Als wir den Garten betraten und die ersten Schritte zurückgelegt hatten, kamen wir aus dem Staunen nicht heraus. Im vorderen Teil (…), aber auch über das Haus hinausgehend, standen Hunderte von Obstbäumen aller Art in voller Blüte, umschwärmt von ungezählten Bienen und Hummeln, belebt von den Gesängen verschiedenster Singvögel.»

Wenige Wochen danach, die Obstbaumblüten sind längst herabgesunken oder von späten Frühlingswinden ins Weite getragen, werden sich die Knospen der Rosen öffnen, wie Klimt sie gleich im ersten Hietzinger Sommer malte («Rosen unter Obstbäumen», 1912), in einer Teilansicht des sacht verwilderten Gartens. Selten wählt er übrigens einzelne Blumen als Motiv, geschweige denn die «eleganten», von der Kunst des Jugendstils eigentlich favorisierten, wie die Lilie. Sein Generationsgefährte Oscar Wilde, der als Dandy par excellence gern ein weißes Exemplar im Knopfloch trug, hätte sich gewundert über diese Abstinenz!

Klimt bevorzugt die Darstellung der Blüten im Kontext von Landschaft oder Garten, wo sie lediglich als farbige Tupfer erscheinen, wie 1904 bei den «Rosen unter Bäumen», der «Gartenlandschaft» (um 1905), der «Mohnwiese» (1907) und dem «Oberösterreichischen Bauernhaus» (1911). Oder er bildet sie als Ensemble ab – doch selbst beim «Bauerngarten»

(um 1905), der «Sonnenblume» (1907) oder dem «Bauerngarten mit Sonnenblumen» (um 1907) wahrt er Distanz: Ungeachtet markanter Pinselstriche, mit denen er sogar die einzelnen Blütenblätter wiedergibt, geht es ihm offensichtlich mehr um den Gesamteindruck: Kaskaden von Rot, Orange, Weiß und Blau vor den changierenden Grüntönen des Laubes.

Oft fügen sich die Blüten, gleichsam von ihrem natürlichen Wesen abstrahiert, zu einem Ornament, und man begegnet ihnen in ähnlicher Weise wieder auf vielen Frauenporträts, wo sie in der Sphäre des Salons, auf den floralen Mustern von Kleiderstoffen, Tapeten oder Teppichen, erscheinen, als gäbe es sie draußen in der Natur nur, damit sie hier ihren eigentlichen dekorativen Zweck erfüllten. Eine derartige Stilisierung und Sublimierung ging konform mit den künstlerischen Tendenzen der Zeit, was einen Spötter wie Wilde zu dem Ausspruch anregte, die Natur ahme die Kunst nach, und nicht umgekehrt. Eher ironisch ist dagegen sein Bonmot zu werten: «Natur ist so unbequem. Der Rasen ist hart, uneben und feucht, und zudem wimmelt es von grässlichen

Bauerngarten mit Sonnenblumen (Öl auf Leinwand, um 1907, Ausschnitt. Österreichische Galerie Belvedere, Wien).
Im Gegensatz zu anderen Künstlern des Jugendstils bevorzugte Klimt die einfachen Gartenblumen, inszenierte sie jedoch auf seinen Bildern als wahres Fest farbiger Blütenpracht.

GEGENÜBER:
Klimt im Garten seines Josefstädter Ateliers (Photographie von Moritz Nähr, 1912).

schwarzen Insekten.» – Dem Wind-und-Wetter-Spaziergänger Klimt hätte dies gewiss ein Lächeln abgenötigt …

Inwieweit die Niederschrift eines Gespräches, das Arthur Roessler mit Klimt im Garten seines Ateliers geführt haben will, der Wahrheit entspricht, sei dahingestellt. Interessant ist es aber, selbst mit dieser Einschränkung, als Beispiel hoch differenzierter ästhetischer Reflexionen, wie sie in der zeitgenössischen Kunst und gewiss auch Klimt prinzipiell geläufig waren:

«Gell, da schaun's und staunen's halt? (meinte Klimt.] – Ja, das sind Farben! das sind Formen! (…) Kein in kostbaren Edelsteinen erstarrtes Licht sprüht farbigeres Leuchten als die Blumenblüten.»

Es folgt ein langer Farben-Monolog, vom «transluziden Pupurglosen des Glaskristalls» bis zu den «flaschenglasgrünen, lapisfarbenen und amethystdunklen Tinten (des Meeres)» und dergleichen, wonach Klimt tief atmend schweigt und fortfährt:

«Unausstaunbar abwechslungsreich sind auch die Blüten der Blumenpflanzen in ihrer Gestalt. Da gibt es fleischige Blüten, wächserne Blüten,

Blüten wie aus Seide geschnitten, oder aus Brokat gepreßt. Blüten, die silbrig schimmern und erstarrten Wasserschleiern gleichen (...). Perlmutterig irisierende Blüten, auf deren Kelchgrund letzte Abendsonnenröte verdämmert. Elfenbeinerne Blüten, deren mattes Schimmern von Smaragdlichtern überaus sachte angehaucht ist (...). Blüten, die uns auch daran gemahnen, daß jeder Wohlgeruch vegetabilischer, jeder Gestank animalischer Herkunft ist.»

In solch hymnischem Ton und mit derart gesuchten Wendungen (aus dem Wörterbuch des Symbolismus) kam das sicherlich kaum aus Klimts Munde, doch die Sensibilität, mit der hier koloristische und andere Nuancen erfasst werden, sowie die Auffassung der Blumen als Kostbarkeit der Natur und ihr Vergleich mit edlen Materialien entsprechen durchaus dem Gepräge Klimtscher Gemälde, wo oft fast eine Fetischisierung solcher Phänomene betrieben wird. Jenseits aller pflanzenikonographischen Arabesken ist der Maler aber vor allem ein Genießer der Natur, mit einer geradezu kindlichen Freude an Blumen, wie sie aus einer Karte vom März 1913 an die (sich außerhalb Wiens aufhaltende) Emilie Flöge spricht:

«UNTER ST. VEITER WERKSTATT Samstag Mittag Brief erhalten – besten Dank – Prangende Sonne ist angekommen und macht fast einen Jubeltag! ‹Crocus› oder ‹Krokus› blüht im Garten daß der Boden einem Sternenhimmel gleicht! Und das Gemüt erhellt sich und der Mut und die Kraft. Bleibe ruhig dort! Wann soll ich kommen?

Als wenn die Karte vom Lande käme – habe die andere verlegt Keine Andeutung in Deinem Brief über die Blumen im Revier – DAHEIM ALLES IN ORDNUNG Herzlichste Grüße GUSTAV baldiges Wiedersehn!»

Dass Roessler ein eloquenter, jedoch nicht immer verlässlicher Gewährsmann ist, beweist einmal mehr seine Bemerkung, er habe weder in der Josefstädter Straße noch in der Feldmühlgasse (wo übrigens kaum Blumenbilder entstanden) je Katzen gesehen! Wer mag das glauben? Der Maler Carl Moll, nicht nur als Secessions-Kollege mit Klimt auf wirklich vertrautem Fuß stehend, hat da im Atelier anderes beobachtet:

«Zahllose Blätter lagen achtlos auf dem Fußboden herum, seine Lieblinge, die Katzen, machten es sich darauf bequem, auf manchem Blatt waren ihre Spuren sichtbar ...»

Die Photographie, die Klimt, verschmitzt lächelnd, mit einer Katze auf dem Arm zeigt, deutet umso mehr auf ein inniges Verhältnis zu jenen

samtpfotigen Kreaturen, wenn auch gewiss nicht immer deren Spuren – aber so geht es halt zu, wenn das Atelier ein «Augiasstall» ist (so eine augenzwinkernde Selbstkritik des Hausherrn). Sein Gönner Fritz Waerndorfer, Mitbegründer der Wiener Werkstätte, fand eines Tages den Zustand der Werkstatt so unangemessen für einen Künstler von Rang, dass er sie auf eigene Kosten renovieren und von Josef Hoffmann standesgemäß einrichten ließ – selbstverständlich gratis.

Warum Klimt seine schnurrenden «Lieblinge» niemals malte, darüber kann man nur spekulieren angesichts der Tatsache, dass er im Atelier stets mit einem halben Dutzend davon umgeben war. Vielleicht hing es mit einer generellen Abneigung gegen Tierbildnisse zusammen, von denen er in der Tat nur sehr wenige schuf, so 1899 während einer Sommerfrische die «Kühe im Stall». Die Hühner auf dem im Vorjahr entstandenen Bild «Nach dem Regen» dagegen sind eher anmutige Tupfen im Grün der Wiese. (s. S. 37).

Doch nun zu zweibeinigen «Lieblingen»! Moll vermerkt an gleicher Stelle trocken über Klimts Arbeit im Atelier: «Modelle standen täglich mehrere bereit, nutzte er sie nicht zur Weiterführung von Bildern, so zeichnete er Aktstudien, immer in Beziehung mit diesen Bildern.» Bei Franz Servaes liest sich dies (wie auch anderes) weit geheimnisvoller:

«(Dort jenseits der Büsche ruht) das Geheimnis einer Künstlerwerkstatt; man könnte ebensogut vermuten, der Zufluchtsort eines Liebenden. Auch huschen, wenn du näher kommst, Frauengestalten dort einher, die rasch irgendwo verschwinden. Blumen blühen in üppigen Farben, verschwiegene Lauben öffnen sich ...»

Assoziativ verknüpft werden hier die Bereiche Weiblichkeit, Natur, Liebe und Geheimnis in einer Weise, die die Liebschaft kaum noch als heimlich gelten lässt. Als offenes Rätsel empfanden die Zeitgenossen allenthalben die Amouren des Malers mit seinen Modellen. Allerdings täuscht der Umstand, dass nach Klimts Ableben die Mütter gleich 14 angeblicher kleiner Gustavs Erbansprüche geltend machten, über das Ausmaß dieses Harems – wie ihn erneut Servaes beschreibt, nicht von schnöden pekuniären Interessen, sondern von seinem Enthusiasmus geleitet:

«Im Atelier war er von geheimnisvoll-nackten Frauenwesen umgeben, die, während er stumm vor seiner Staffelei stand, auf und nieder wandelten, sich räkelten, faulenzten und in den Tag hinein blühten – stets auf einen Wink des Meisters bereit, gehorsam stillzuhalten, sobald

Dicht und tonig ist auf Klimts Gemälden zumeist der Auftrag der Farben – mit so poetischen Namen wie Veroneser Erde, Chromoxyd feurig, Venezianisch Rot oder Ultramarin.

Vornehmlich auf feinkörnige Leinwand (mit Ölgrund oder Halbkreidegrund) trug Klimt mit dem Pinsel seine Farben auf – so verwendete er beim Bildnis *Adele Bloch-Bauer I* (s. S. 11) ein Gewebe mit 15 Kett- und 21 Schussfäden.

Beide Modelle lebten in einfachen Verhältnissen und waren darauf angewiesen, dass der Kindsvater ihnen das Marienleben finanziell erleichterte. Klimt kümmerte sich darüber hinaus, so viel belegen die erhaltenen Briefe, regelmäßig um Mizzis Sprösslinge; in einer Zeichnung hielt er das Gesicht des kleinen Otto auf dem Totenbett fest. Einer (nicht verifizierten) Angabe des Bruders zufolge zog die Mutter, anfangs in einem typischen Armenquartier hausend (VIII. Bezirk, Tigergasse 38, 4. Stock, Tür 17 – ähnlich wie zuzeiten Klimts elterliche Familie), später nach Hietzing, um in der Nähe des Malers zu bleiben. Dies würde allerdings voraussetzen, dass die Verbindung bis ins Klimts letzte Jahre bestand. Anderen Quellen gemäß endete sie bereits 1903, was angesichts der sich konsolidierenden Liebschaft mit Emilie Flöge wahrscheinlicher ist.

Ziemlich ambivalent wirken die Briefe, die Klimt an Mizzi richtete, meist vom Attersee aus: So schildert er zwar in vertraulichem Ton detailfreudig seinen Tagesablauf, vermeidet aber jede Erwähnung Emilies, verbittet sich energisch diesbezügliche Anspielungen und lehnt rigoros jede Erklärung in dieser Sache ab. Überdies zeigt er sich besorgt, sein Briefwechsel mit dem Wiener Gschpusi könne hier auf dem Lande publik werden:

«Fast alle Welt weiß, wem man schreibt und von wo man Briefe bekommt, das ist zu dumm und zu wieder. Der Briefträger kommt und bläst auf einer kleinen Trompete die ganzen Inwohner des Hauses laufen bei ihm zusammen gelockt durch diese Trompete, übernehmen und übergeben ihre Briefe, so weiß alle Welt, von wannen ein Brief kommt, wohin er geht. (…) Ich muß also meine Correspondenz auf das notwendigste beschränken.»

Beschränken, das heißt: Mit Gruß und Kuss kleine Nachrichten und Geldanweisungen, und alles bittschön diskret! Das klingt ein wenig nach Herablassung des prominenten Malers gegenüber seinem Modell, vorwiegend jedoch nach gelinder Panik auf dem Naschmarkt der Eitelkeiten … Wobei man davon ausgehen darf, dass Emilie über die Verknüpfungen von Atelier und Boudoir im Bilde war und sie weitgehend tolerierte.

Angeregt und beeinflusst haben übrigens die beiden Schwangerschaften Mizzis und der Tod des «kleinen Otterl» Klimts künstlerische Auseinandersetzung mit dieser Thematik, vor allem bei einem Gemälde, zu dem indes eine gewisse Herma das Modell abgibt – in den Augen Klimts mit einem Körper, «von dem der Hintern schöner und intelligenter ist als das Gesicht bei vielen anderen». Um dieses Bild rankt sich fol-

gende kuriose Atelier-Anekdote: Als Herma einmal längere Zeit fern bleibt, schickt Klimt besorgt ein anderes Modell zu ihr, das mit der Nachricht aufwartet: «Sie ist in andere Umständ. Darum scheniert sie si.» Worauf der Maler, in der Schilderung Roesslers, ganz gelassen reagiert:

«Klimt schmunzelte, nahm eine von den Katzen, die buckelnd, schnurrend und miauend um seine Beine strichen, auf den Arm, streichelte sie und sagte lakonisch ‹Macht nichts. Die Herma soll trotzdem kommen. Ich brauch sie zu einer Arbeit, dringend ...› – Das Modellmädchen war verdattert (...), schluckte und brachte endlich, puterrot geworden, stotternd heraus: ‹Ja aber mit der Wampen! Entschuldigen schon bitte ...›»

Als die Geschichte die Runde macht von der Schwangeren, die Klimt 1903 für seine Allegorie «Die Hoffnung I» Modell steht, sorgt diese «Sauerei» natürlich für einen handfesten Skandal. Der spätere Besitzer des Bildes, Fritz Waerndorfer, lässt es hinter zwei Flügeltüren verschwinden, die er nur wenigen Eingeweihten öffnet. Und dann erblickte man, laut Ludwig Hevesi:

Klimts letztes Atelier in der Feldmühlgasse 11, Wien XIII (Photographie von Moritz Nähr, 1918).
Die kurz nach dem Tod des Malers entstandene Aufnahme zeigt die unvollendet hinterlassenen Gemälde *Dame mit Fächer* und *Die Braut* auf den Staffeleien.

«(Ein junges Weib) in hochinteressanten Umständen, das der Künstler hüllenlos zu malen wagte. Eines seiner Meisterwerke. Eine tief ergreifende Schöpfung. Wie das junge Weib in der Heiligkeit seines Zustandes einherschreitet, rings von schändlichen Fratzen bedroht, von lüstern-lästerlichen Dämonen des Lebens ...»

Der Leib einer Hochschwangeren, schonungslos im Profil gezeigt und in den Kontext des Dämonischen gerückt: Das war für damalige Verhältnisse ein Wagnis erster Güte. Ähnliches gilt für die Sujets manch anderer Gemälde Klimts, wie die Autoerotik der «Danaë», das unverhohlen lesbische Paar der «Freundinnen», den aufreizenden Gestus der «Goldfische». Im Ganzen gesehen bleibt Klimt allerdings eher harmlos in der Wiedergabe des Geschlechtlichen, verglichen mit den aggressiv-obszönen Bildern Schieles oder den morbiden Erotika eines Max Klinger, Félicien Rops und Alfred Kubin.

Auch das seinerzeit populäre Motiv der Femme fatale als mythologischer Gestalt greift der Maler nur in den beiden Fassungen der «Judith/Salome» auf, setzt dort aber meisterhaft das Klischee einer «Belle Dame sans merci» in Szene: die eine ganz kostbares, hochmütiges Geschöpf von offensiver Nacktheit, gebändigt in einem goldenen Schrein, eiskalt schöner Todesengel die zweite. In den Worten Felix Saltens «ein schlankes, schmiegsam-biegsames Weib mit einem schwülen Feuer in den dunklen Blicken, mit einem grausamen Mund und mit Nasenflügeln, die vor Leidenschaft beben» – eine Sphinx also, wie man sie mit ähnlichen Akzenten auch bei Stuck oder Gustave Moreau findet in einer Epoche, die die weibliche Sexualität, nicht zuletzt unter dem Einfluss Sigmund Freuds, leidenschaftlich diskutiert, anbetet und perhorresziert: Gerade in Wien versteigt sich die letztere Tendenz zu misogynen Extremen, wie «Über den physiologischen Schwachsinn des Weibes» von Paul Julius Möbius (1903) oder Otto Weiningers «Geschlecht und Charakter» (1903), trägt andererseits aber, vor allem in den Bühnenstücken Arthur Schnitzlers, glänzende literarische Früchte.

Klimt bleibt, relativ unberührt von diesen Debatten, in erster Linie ein unbefangener Enthusiast des Eros: Selbst in seinen sehr freizügigen Zeichnungen entfaltet sich ein harmonisches Reich der Wonne, dessen Protagonistinnen selbstversunken agieren, fern aller «gemalten Pornographie». So lautet damals eine der gängigen Invektiven, und frei von Vorurteilen sind selbst lebenshungrige Zeitgenossinnen vom Schlage

Beethoven-Fries (1902, Ausschnitt, Secessions-Gebäude, Wien).
Dieses Detail der mittleren Schmalwand zeigt – als Teil der «Feindlichen Gewalten» und in Anspielung auf die Sieben Todsünden der Bibel - die Allegorien von *Unkeuschheit, Wollust* und *Unmäßigkeit*. Erlösung bietet das ideale Reich der Kunst, wo der «Freude schöner Götterfunken» regiert: Entsprechend schuf Klimt als Abschluss des Frieses einen weiteren *Kuss*, «der ganzen Welt» zugedacht - nach Friedrich Schillers «Lied an die Freude», das Beethoven in seiner 9. Symphonie vertonte.

Alma Mahlers nicht, die Klimts Modellmädchen als «wertlose Frauenzimmer» verachtet.

Hier sind allerdings persönliche Motive im Spiel: 1897 entspinnt sich ein Flirt zwischen der Achtzehnjährigen (die damals übrigens noch Schindler heißt) und dem anderthalb Jahrzehnte älteren Maler. Er reist ihrer Familie in den Italien-Urlaub nach, es gibt heimliche Küsse (sowie Verbote, als sie auffliegen) und ein verstohlenes Verlöbnis:

«Im Getriebe am Markusplatz in Venedig konnten wir uns endlich wiedersehen: eine Menge, die uns deckte, seine hastigen Liebesworte, seine Schwüre, daß er sich von allem befreien und mich holen werde, seine befehlende Bitte, auf ihn zu warten (...) – es war eine heimliche Verlobung.»

Pikanterweise heißt der Stiefvater der mit Argusaugen bewachten jungen Dame Carl Moll, mit dem Klimt privat und beruflich in Verbindung steht. Umständlich entschuldigt er sich bei dem Kollegen in einem Brief für sein Verhalten, hört jedoch – nach Aussage Almas – nicht auf, sie zu umwerben: Nur ihre «sogenannte gute Erziehung (habe) ihr erstes Liebeswunder verhindert» und sie taub gemacht für «alle seine Beschwörungen und Bitten, zu ihm ins Atelier zu kommen». In ihrer romanhaften Autobiographie stilisiert die spätere Gattin von Gustav Mahler, Walter Gropius und Franz Werfel Klimt zu einer unerfüllten großen Liebe, et vice versa ...

Sicher ist nur, dass die beiden in regelmäßigem Kontakt blieben, zumindest auf der Bühne des Gesellschaftslebens. Womit wir, wenn es denn tatsächlich ein solcher Höhenunterschied ist, den Sprung vollziehen vom Parterre des Ateliers und seiner süßen Mädel in die Bel Etage der reichen Damen, die Porträts von der Hand des Meisters begehrten – und bisweilen auch ihn selbst.

Weiblicher Eros, wie ihn das Fin de Siècle liebte: in tänzerischer Bewegung zwischen Licht und Schatten.

HASENBROT

Eine in der Zubereitung sehr aufwendige, im Verzehr leichte kalte Speise, wie geschaffen für den Appetit der Aktmodelle – während der Meister sich mit etwas Obst begnügte. Soll das Hasenbrot noch attraktiver aussehen, platziert man die Gänseleber ganz als Kern in die Mitte der Pastete.

(4–6 Portionen)
je 320 g Hasenfleisch und Schweineschulter, faschiert (durch den Wolf gedreht)
1 Kalbsmilz
3 ganze Eier
1 Eidotter
2 Semmeln, entrindet, in Wasser eingeweicht und ausgedrückt
5 Wacholderbeeren
1 Nelke
1 Sträußchen Kuttelkraut (Thymian)
Salz, Pfeffer
160 g Speck, in Würfel geschnitten
40 g Selchzunge (gepökelte Zunge), in Würfel geschnitten
5 Essiggurken, in Würfel geschnitten
1 kleine Gänseleber, in Würfel geschnitten
etwas Butter zum Ausfetten
etwas Weizenmehl zum Bestäuben der Form

Das faschierte Fleisch mit der ausgeschabten Milz, drei ganzen Eiern und einem Dotter vermengen und 80 g der eingeweichten Semmelmasse hinzufügen. Die Gewürze zusammen mit Salz und Pfeffer im Mörser zerstoßen. Die Masse in eine tiefe Schüssel passieren und mit Gewürzen, klein gewürfeltem Speck, Zunge, Essiggurken und Gänseleber vermischen.

Eine lange, mit Butter ausgestrichene, mit Mehl bestäubte Rehrückenform mit der Masse füllen; dabei die Form mehrmals mit der flachen Hand schlagen, damit sich alles fest «zusammenbeutelt». Ein entsprechend zugeschnittenes Stück Pergamentpapier dreimal quer einschneiden, mit Butter bestreichen und auf die Fülle legen. 1 $^{1}/_{2}$ Stunden im Wasserbad zugedeckt garen. Anschließend das Papier abziehen, wieder darauf legen und das «Hasenbrot» auf ein Brett stürzen. Mit der Form bedeckt $^{1}/_{2}$ Stunde stehen lassen.

Das «Hasenbrot» serviert man warm mit Wildbretsauce oder kalt aufgeschnitten, mit Aspik und Orangenschnitzen garniert.

Zum Anrichten (nach Belieben): Wildbretsauce, Aspik, enthäutete Orangenscheiben.

KRAUTSUPPE

Atelierspeise für kalte Tage, die mit Paradeisern und Kraut zwei wesentliche Gemüse der Wiener Küche vereint. Die aus Südamerika stammende und in Europa bis ins 19. Jahrhundert eher als Zierpflanze angebaute Tomate (auch Liebesapfel genannt) wurde früher vorwiegend auf Saucenbasis verwendet. Das auch im ungarischen Teil des k.u.k.-Reiches beliebte Sauerkraut ist auf Wiener Tischen vielfältig präsent, etwa als Krautfleckerl (s. S. 94), -salat, -strudel oder -wickler – und ein saurer Wein muss sich die Bezeichnung «Krautwasser» gefallen lassen.

(4 Portionen)

$^1/_2$ Weißkrautkopf
Salz
1 TL Kümmel
100 g Butter
1 kleine Zwiebel, fein gewürfelt
30 g Weizenmehl zum Bestäuben
1 $^1/_4$ l Rinderbrühe oder Wasser
2–3 Paradeiser (Tomaten)
(ersatzweise 1 EL Paradeiser-/Tomatenmark)
Pfeffer aus der Mühle
frisch geriebene Muskatnuss
200 g rohe Erdäpfel (Kartoffeln),
geschält und fein gerieben

Das Kraut in feine Streifen schneiden, salzen und mit etwas Kümmel würzen. $^1/_2$ Stunde stehen lassen, dann die Flüssigkeit ausdrücken.
In einer Pfanne Butter erhitzen. Die Zwiebelwürfel anschwitzen, das Kraut hinzufügen und unter ständigem Rühren leicht anrösten. Mit etwas Weizenmehl bestäuben und mit Brühe oder Wasser aufsetzen. Die geschälten, entkernten und würfelig geschnittenen Paradeiser (bzw. das Mark) hinzufügen und alles zusammen weich kochen. Salzen, pfeffern und mit geriebenem Muskat abschmecken. Die Flüssigkeit etwa 15 Minuten vor dem Garwerden mit den geriebenen Kartoffeln binden.

Eine Ungarische Krautsuppe erhält man, wenn man zum obigen Rezept statt rohen Weißkrauts ein halbes Kilo Sauerkraut und statt Butter 100g Schweineschmalz verwendet, die geröstete Zwiebel mit 1 Esslöffel Paprika bestäubt, ablöscht, dann erst aufgießt und das klein geschnittene Kraut darin weich kocht. Zum Schluss diese Variante mit 2 Esslöffeln Sauerrahm abschmecken.

SCHINKENFLECKERL

Fleckerlspeisen – Aufläufe aus quadratischen Teigstücken («Fleckerln») – werden außer mit Schinken oder Wurst gerne mit Fleischresten bereitet oder mutieren mit karamellisiertem Weißkraut zu Krautfleckerln. «Bröselfleck» hingegen ist eine abschätzige Bezeichnung für das Wiener Schnitzel.

(4 Portionen)
160 g Fleckerln (quadratisch geschnittene Nudeln)
60 g Butter
2 Eidotter
Salz, Pfeffer
frisch geriebene Muskatnuss
$^1/_{16}$ l Sauerrahm
100 g gekochter Schinken oder Teilsames (geselchtes/gepökeltes Schweinefleisch), in kleine Würfel geschnitten
2 Eiweiß
Semmelbrösel zum Bestreuen
20 g Parmesan (oder anderer Hartkäse), frisch gerieben

Die Fleckerln nach Packungsvorgaben gar kochen, abseihen und gut abtropfen lassen.
Inzwischen die Butter schaumig schlagen, nach und nach die Eidotter einrühren, mit Salz, Pfeffer und etwas Muskat würzen und den Sauerrahm dazugeben. Die abgetropften Fleckerln hinzufügen, ebenso Schinken oder Teilsames. Das Eiweiß mit einer Prise Salz steif schlagen und darunter ziehen.
Die Masse in eine ausgebutterte, mit Bröseln ausgestreute Form füllen und glatt streichen. Die Oberfläche mit Semmelbröseln und Reibkäse bestreuen, mit zerlassener Butter beträufeln und bei mittlerer Hitze im Rohr etwa 40 Minuten goldbraun backen.
Portionsweise ausstechen und anrichten.

Als Beilage passen Blattsalate aller Art oder Gurkensalat.

Gefüllte Kalbsbrust

(8 Portionen)

Für die Kalbsbrust:
2 kg Kalbsbrust
einige gehackte Kalbsknochen
80 g Butter

Für die Spinatfülle:
$^{1}/_{16}$ l Milch
3 Eiweiß
100 g Blattspinat, blanchiert und fein geschnitten (ersatzweise 150 g Tiefkühlspinat, aufgetaut)
Salz, frisch gemahlener Pfeffer
frisch geriebene Muskatnuss
4 altbackene entrindete Semmeln, in Würfel geschnitten
40 g Butter
3 Eidotter
1 EL Semmelbrösel

Für die Sauce:
etwas Weizenmehl
$^{3}/_{8}$ l Wasser (oder Fleischbrühe)

Die Knochen der Kalbsbrust auslösen (nur die Knorpel sollten zurückbleiben), an der Schmalseite beginnend, untergreifen, d. h. mit dem Messer zunächst einschneiden und dann mit der Hand die Öffnung erweitern. (Das Auslösen und Untergreifen kann man auch vom Metzger machen lassen.) Anschließend die Kalbsbrust waschen und die Fülle vorbereiten.
Für die Fülle: Milch, Eiweiß und Spinat gut vermischen, würzen und über die Semmelwürfel gießen. Die Masse zusammendrücken und 10 Minuten gut durchziehen lassen. Butter mit den Eidottern schaumig rühren, die Semmelmasse dazugeben und alles gut vermischen. Das Hinzufügen von Semmelbröseln verleiht der Masse eine festere Konsistenz.
Die Kalbsbrust mit der Semmel-Spinat-Masse füllen, die Öffnung zunähen, leicht salzen und mit der Oberseite nach unten in eine Pfanne setzen. Mit Butterstücken belegen und im heißen Rohr (etwa 200–220 °C, Gas Stufe 3) sehr schnell anbraten. Dann die Hitze etwas drosseln, mit Wasser untergießen und unter wiederholtem Begießen mit dem Bratensaft (die Haut der Kalbsbrust trocknet leicht!) insgesamt etwa 1 $^{3}/_{4}$ Stunden braten, bis die Kalbsbrust eine hellbraune Färbung erreicht hat. (Nach einer guten halben Stunde wenden.)
Die Kalbsbrust vor dem Aufschneiden mindestens $^{1}/_{2}$ Stunde warm gestellt ruhen lassen! In der Zwischenzeit den Bratensaft reduzieren. Weizenmehl mit $^{3}/_{8}$ l kaltem Wasser glatt rühren, den Bratensaft damit abbinden, noch einmal gut einkochen lassen und abseihen. Die Sauce wird separat gereicht.

Als Beilage passen Reis, grüne Salate, Erbsen und glasierte Karotten.

ERDÄPFELKNÖDEL MIT FLEISCHFÜLLE

Der Knödel (vom ahd. «knoto» = Knoten), hergestellt aus Mehl, Grieß, Semmeln oder Kartoffeln, ist in der österreichischen Küche omnipräsent. Zu Klimts Zeit boten in Wien noch Knödelfrauen ambulant ihre Ware feil: heiße Knödel mit Sauerkraut. Vorsicht bei den fettschweren Grammeln – das ist auch ein Spitzname für leichte Mädchen!

(für 4 Stück)

Für die Knödel:
500 g gekochte Erdäpfel (Kartoffeln)
2 Eidotter
Salz
eine nussgroße Menge Schweineschmalz
etwa 200 g griffiges Weizenmehl
(evtl. die Hälfte durch Weizengrieß ersetzen)

Für die Fülle:
200 g gekochtes und faschiertes
(gehacktes) Schweine- oder Rindfleisch
(ersatzweise Bratenreste)
etwas Schweineschmalz zum Anbraten
1 fein geschnittene Zwiebel
Salz
frisch gemahlener Pfeffer
Petersilie, fein geschnitten

Für die Knödel: Die Kartoffeln in der Schale kochen, schälen, durch eine Kartoffelpresse drücken und noch heiß mit Ei, Salz, Schweineschmalz und Mehl (nach Belieben auch Weizengrieß) zu einem mittelfesten Teig verarbeiten. Daraus eine Rolle formen, die man in vier gleichmäßige Stücke schneidet. Diese Stücke auseinanderdrücken, so dass kleine «Schüsselchen» für die Fleischfülle entstehen.
Für die Fülle: Die Zwiebelwürfel in Schmalz anbraten. Mit dem Faschierten 200 g Grammeln (Grieben) und geschnittener Petersilie vermischen. Anschließend die Fülle gleichmäßig auf den «Schüsselchen» verteilen.
Den Kartoffelteig über der Fülle zusammenschlagen und zu Knödeln formen. In siedendem Salzwasser langsam 15–20 Minuten garen. Salzen und pfeffern.

Grammelknödel erhält man, indem man anstelle des Fleisches Grieben verwendet, die man entweder ganz lässt oder grob hackt bzw. faschiert.

SCHLOSSERBUBEN UND WÄSCHERMÄDELN

(6 Portionen)

Für den Backteig:
140 g Weizenmehl
$^{1}/_{8}$ l Milch oder Weißwein
(ersatzweise auch Sodawasser oder Bier)
2 EL Öl
2 Eidotter
1 Prise Salz
(nach Belieben: 1 EL Rum zum Aromatisieren)
2 Eiweiß
10 g Zucker

Für die Pflaumenfülle:
12 große kernlose Dörrpflaumen
(ersatzweise getrocknete Marillen/Aprikosen
für die «Wäschermädeln»),
mehrere Std. in Wasser eingeweicht
60 g Zucker
1 Zimtstange
10 g Rum
80 g Marzipan oder
6 geschälte Mandeln
Fett zum Ausbacken
60 g Schokolade
60 g Staubzucker (Puderzucker)

Für den Teig: Weizenmehl, Milch (Bier oder Wein), Öl, Eidotter und Salz schnell zu einem glatten Teig verarbeiten. (Dieser kann nach Wunsch mit etwas Rum aromatisiert werden.) Anschließend etwas ruhen lassen.
In der Zwischenzeit das Eiweiß zu steifem Schnee schlagen, den Zucker vorsichtig einrieseln lassen. Den Eischnee schnell und behutsam unter den Teig ziehen, um zu verhindern, dass dieser zäh und rissig wird. Den Teig nicht länger rühren als unbedingt notwendig, sonst wird er beim Backen zäh.
Für die Pflaumenfülle: Wasser aufkochen mit 60 g Zucker, 5 g Schwarztee, 1 Zimtstange und 10 g Rum. Pflaumen in diesem heißen Fond einweichen und auskühlen lassen. Herausnehmen und im Sieb abtropfen lassen.
Jeweils zwei Pflaumen aneinander pressen, mit Zucker und etwas Zimt würzen, Marzipan oder Mandeln dazwischen legen, zu einer Kugelform zusammendrücken, in den Backteig tauchen und in heißem Fett schwimmend ausbacken. Auf Küchenkrepp abtropfen lassen. Anschließend in Staubzucker, vermischt mit geriebener Schokolade, rollen und sofort servieren.

Für «Wäschermädeln» nimmt man statt der Pflaumen getrocknete, mit Marillenbrand oder Cognac marinierte Aprikosen, die man abschließend in Vanille- oder Zimtzucker wälzt. Die nuancenreiche Süße veritabler Wiener Wäschermädeln wusste auch Klimt zu genießen (s. S. 83).

SALONDAMEN

Kommen wir, bevor wir die Domizile des Wiener Geldadels aufsuchen, noch einmal auf Klimts eigene pekuniäre Verhältnisse zurück. Die von der Salondame Berta Zuckerkandl bezeugte Generosität des Malers hat auch sein Kollege Emil Pirchan beobachtet:

«Neben der Ateliertür lag immer eine Schale mit Geldstücken. Wenn die Klingel gar zu oft ging, konnte er in allen Tonarten über die fortwährende Störung schimpfen, öffnete aber doch, gab freundlich dem Bittenden einen Silbergulden und sagte, er könne wiederkommen. «Sind ja alles arme Teufel», entschuldigte er sich dann. Besonders verschwenderisch war er gegen seine weiblichen Modelle: Zu ihrer Entlohnung griff er in die Tasche seines Talares, was ihm an Banknoten gerade in die Hände kam, gab er ihnen unbesehen. Er liebte die hageren, schwarzen und rothaarigen, rassig-pikanten kapriziösen Typen – den blonden konnte er keinen besonderen Geschmack abgewinnen.»

Klimts Präferenzen für Frauen mit Rasse sind sattsam bekannt, was seinen Umgang mit der Kasse angeht, wohl gelinde Abstriche an Pirchans Bericht angezeigt. Ebenso ist kaum glaubhaft, dass der Hausherr (wie es dort weiter heißt) sich zuweilen mit Polizeigewalt des Ansturms der Bettelnden erwehren musste, wie freigebig er auch immer war:

«Klimt war genußfroh, stets lebensbejahend, oft recht übermütig; immer großzügig in Geldangelegenheiten, (...) sein Grundsatz war: «Es bleibt eine üble Gemeinheit, Kapitalien anzuhäufen. Das verdiente Geld muß man trachten, rasch auszugeben. Könnte man alle Menschen dazu verpflichten, dann hätte sicherlich alle wirtschaftliche Not der Erde ihr endliches Ende ...»

Eine epikureisch-anarchische Zukunftsvision, nicht ohne naiven Charme angesichts Klimts von «wirtschaftlicher Not» geprägter Jugend: Passables Auskommen sicherten der elterlichen Familie erst die Erfolge der «Künstler Compagnie», zusätzlich bewirkte die Heirat des Bruders Ernst mit Helene Flöge eine Konsolidierung in bürgerlichem Milieu. Dass wiederum, wie oft zu lesen ist, seine eigene Verbindung zu Emilie Flöge und der reichen Klientel ihres Modesalons für ihn das Entréebillet in die Sphäre der Großbourgeosie bedeutet haben soll, erscheint wenig stichhaltig. Als Emilie das Etablissement 1904 eröffnet, ist Klimt längst ein anerkannter Künstler, und entscheidend für seine Tuch-Fühlung mit der Haute volée dürfte eine andere Konstellation gewesen sein: das Zu-

VORHERGEHENDE DOPPELSEITE:
Die Welt der Wiener Kultur um 1900 wurde maßgeblich auch von Frauen getragen – nicht nur in der Rolle des Modells für Bilder und Skulpturen, wie hier am Palais des Beaux-Arts ...

GEGENÜBER:
Wenn Klimt seine reichen Auftraggeber(innen) besuchte, präsentierten sich deren Domizile von ähnlich vornehmer Jugendstil-Eleganz wie das Stiegenhaus der französischen Botschaft am Schwarzenbergplatz.

GUSTAV
KLIMT

sammenwirken mit renommierten Architekten und Designern in der Secession. Deren Entwürfe waren in gehobenen Kreisen bald en vogue, nicht anders als die Gemälde Klimts, den man fürstlich entlohnte: Landschaftsbilder schlugen mit etwa 5000, die aufwendigen Porträts mit 10 000 bis 30 000 Kronen zu Buche. Für das Porträt der Elisabeth Lederer soll er 1916 die phantastische Summe von 35 000 Kronen erhalten haben – das entsprach dem fünffachen Jahresgehalt eines hohen Beamten! Zum Vergleich: Der gesamte Verdienst seines Vaters im Jahre 1889 hatte gerade einmal rund 400 Gulden (800 Kronen) betragen.

Wie unbekümmert der blendend verdienende Sohn sein Geld ausgab, fiel auch Egon Schiele auf: «Er verdiente viel, sehr viel, doch verausgabte er alles. ‹Das Geld muß rollen, dann interessiert es mich›, sagte er.» Damit soll nicht behauptet werden, dass Klimt sein Honorar immer leicht verdiente, dazu war er ein viel zu penibler Arbeiter. Das (damals zwanzigjährige) Modell des oben erwähnten Bildes, erinnert sich an die Mühen des «Onkels»:

«Monate vergingen mit der Anfertigung von Zeichnungen in verschiedenen Stellungen. Onkel schimpfte und fluchte, dass es nur so ein Vergnügen war, ihm zuzuhören. Wiederholt warf er den Bleistift weg und äusserte sich dahin, dass man überhaupt niemals Leute malen soll, die zu nahe stehen. Dann kam Mama und es entbrannte ein Streit über Stellung, Toilette etc. Manchmal nahmen die Differenzen ganz ernste Formen an und er schrie in seinem tiefen, herrlichen Bass ‹Ich mal mir mein Mädel, wie sie mir gefällt und damit Schluss›. Während drei Jahren änderte er immer wieder und wieder sein Konzept und es waren die schönsten und lehrreichsten Stunden meines Lebens. Er hätte es nochmals geändert, wenn nicht meine Mutter das Bild eines Tages mit Gewalt aufs Auto geladen und entführt hätte. Wie er es dann (bei uns) zuhause sah, meinte: ‹Jetzt ist sie's erst recht nicht!›.»

Ungeachtet dieses Stoßseufzers schuf Klimt hier eines seiner schönsten Porträts: Im hochmodischen Hosenkleid, um die Schultern eine helle, mit floralem Muster bestickte Chiffon-Stola, die ihre dunklen Augen und den schwarzen Pagenkopf hervorhebt, posiert die junge Frau vor einer farbenfrohen Chinoiserie-Tapete mit bläulichem Untergrund. In koketter Fußstellung ruhen ihre grauweißen Pumps auf einem Teppich von sattem Zinnoberton, dezent geometrisch gemustert, wie es typisch war für Klimts Ornamentik – und die der Wiener Werkstätte.

Bildnis Elisabeth Lederer verh. Bachofen-Echt
(Öl auf Leinwand, 1914–16, New York, Privatbesitz).
Klimt förderte als enger Freund des Hauses die künstlerische Begabung Elisabeths, die sich als Bildhauerin einen Namen machte. Um ihr das Schicksal unter der NS-Diktatur zu erleichtern, gab ihre Mutter Serena sie später (erfolgreich) als Spross einer Liaison mit dem (arischen) Maler aus.

Jene legendäre, 1903 gegründete Institution, die ein gutes Jahrzehnt die moderne Wiener Wohnkultur dominierte und internationales Ansehen genoss, entstand im Geist einer aus Großbritannien importierten Idee: der künstlerischen Durchdringung aller Lebensbereiche, wie sie William Morris, Walter Crane und John Ruskin als Repräsentanten des «Arts and Crafts Movement» vertraten. Man gestaltete ganze Häuser nach einheitlichen ästhetischen Prinzipien, vom Grundriss über das Mobiliar bis zum Essgeschirr. Dabei achtete man, in Opposition zu industriellen Herstellungsverfahren, streng auf handwerkliche Qualität – eben daraus erklärt sich auch in Wien die Namenswahl der «Werkstätte».

Nachdem entsprechende Pläne wohl schon seit Bestehen der Secession virulent waren, wurde sie schließlich ins Leben gerufen von Josef Hoffmann, Koloman Moser, beide Professoren an der Kunstgewerbeschule, und dem Industriellen Fritz Waerndorfer als Finanzier. Dem (unentbehrlichen!) Gründungsmythos zufolge kam die erste Übereinkunft zwischen den dreien im Kaffeehaus zustande, als Moser auf die Frage Waerndorfers, was denn eigentlich geplant sei, die schlichte Antwort gab: «Wenn wir fünfhundert Kronen besäßen, wüßten wir schon, wie wir anfangen sollten.» Im Oktober des Jahres bezog die Wiener Werkstätte ihr Domizil in der Neustiftgasse 32 und stellte in einem Faltblatt ihr Programm vor:

«(Entwürfe Hoffmanns und Mosers fertigt die Wiener Werkstätte in Abteilungen) für Gold- und Silberarbeit, für Metallarbeit, für Buchbinderei, für Lederarbeit, für Tischlerei und für Lackiererei. Sie erzeugt alle Arten kunstgewerblicher Gegenstände und übernimmt die Einrichtung und den Bau ganzer Häuser.»

Es entstanden Kollektionen funktionalen, materialgerecht verarbeiteten Kunstgewerbes mit sparsamem geometrischen Design: typisch etwa rechteckig durchbrochene Metallgitter bei Körben und Vasen, hochlehnige schwarze Stühle und das Grundmuster des Quadrates im Flächendekor, dessen Omnipräsenz den Künstlern die scherzhafte Bezeichnung «Quadratl-Maler» eintrug. Vorbild für diese Abkehr vom floralen Jugendstil (in der Manier Hermann Obrists oder Henry van de Veldes) war das Glasgower Designerpaar Margaret Macdonald und Charles Rennie Mackintosh, dessen Arbeiten auf der VIII. Secessionsausstellung 1900 große Anerkennung fanden. Waerndorfer hatte die beiden bereits im März in Glasgow besucht und den Sommerurlaub mit ihnen verbracht: der Beginn einer fruchtbaren «Scotch-and-Schnitzel-Friendship»!

Fassadenschmuck im typischen, strengen Wiener Jugendstil: Die schwungvollen, aber nicht zu gewagten Linien und das zurückhaltende geometrische Dekor gehören zu einem Wiener Mietshaus des Architekten Georg Berger.

Enthusiastische Resonanz erlebte ihrerseits die Wiener Werkstätte, doch «Der reiche Fischzug» (so der Titel eines Speisezimmers von Koloman Moser) wurde das Ganze finanziell nicht, trotz attraktiver Aufträge. Das Unternehmen ruinierte Waerndorfers Vermögen sowie das beider Nachfolger und schloss 1932 endgültig seine Pforten. Als verhängnisvoller Luxus entpuppte sich vor allem der rigorose Verzicht auf industrielle Serienfertigung – ein tragfähiger Kompromiss gelang hier erst den 1907 gegründeten Deutschen Werkstätten für Handwerkskunst. Erspart blieb den Künstlern der Wiener Werkstätte zumindest das Schicksal Mackintoshs: Dieser starb 1928 völlig mittellos in einem Londoner Armenhospital ...

Man muss bedenken, dass die Werkstätte, ungeachtet ihrer ästhetischen Wirkungsmacht, ein sündhaft teures Experiment für wenige Auserlesene blieb, wobei die Beziehung von Künstlern und Klientel dem von Klimt in der Eröffnungsrede zur Kunstschau 1908 skizzierten Idealbild entsprach:

«Und weit wie den Begriff ‹Kunstwerk› fassen wir auch den Begriff ‹Künstler›. Nicht nur die Schaffenden, auch die Genießenden heißen uns so, die fähig sind, Geschaffenes fühlend nachzuerleben und zu würdigen. Für uns heißt ‹Künstlerschaft› die ideale Gemeinschaft aller Schaffenden und Genießenden.»

Klimt versuchte sich zehn Jahre zuvor übrigens selbst erfolgreich als Innenarchitekt! 1893 beauftragte ihn der Wiener Industrielle und Kunstmäzen Nikolaus Dumba, der einst schon das Arbeitszimmer in seinem Palais am Parkring von Hans Makart entwerfen ließ, mit der Gestaltung des Musiksalons. (Franz Matsch erhielt den Auftrag für den Speisesaal.) Neben (wohl dem Geschmack des Hausherrn geschuldeten) Empire-Akzenten in Marmor und Mahagoni war nach der Fertigstellung 1897 Klimts Wandlung zum Jugendstilkünstler unübersehbar, besonders bei der Gestaltung des Kamins, wo unter einem Medusenhaupt aus patinierter Bronze golden die Verzierung der Heizöffnungen mit stilisierten Flammen und schwungvollen Notenbändern leuchteten – der ganze Raum war beherrscht von einem «nervösen Flimmer in Farbe und Licht» (Hevesi). Wenden wir uns nun den Auftraggeber(inne)n von Klimts Porträts zu, so bleiben wir, wie sich zeigen wird, im Kontext des Kamins ...

Wer waren die Leute, die es sich leisten konnten, für ein Konterfei der Gattin und Interieurs der Wiener Werkstätte Unsummen zu zahlen? Großindustrielle, hohe Beamte, Universitätsprofessoren – und da einige

von ihnen im Bannkreis des Secessionsgebäudes logierten, lassen sich ihre Domizile auf einem Spaziergang besichtigen. Beginnen wir oberhalb der Linken Wienzeile in der Gumpendorferstraße 15, bei dem Stahlbaron Anton Knips und seiner Frau Sonja, einer geborenen Freifrau Potier des Echelles: Geld- und Geburtsadel vereint in einer Wohnung, die Josef Hoffmann 1903 einrichtet, wobei er mit dezent hellgrauer Wandbespannung Klimts «Obstbäume» in der Sitzecke des Salons optimal zur Geltung bringt.

Dasselbe war Klimt seinerseits fünf Jahre zuvor mit der Dame des Hauses gelungen: Sein «Porträt der Sonja Knips» gilt als erstes Frauenbildnis, bei dem sich sein individueller Gestus entfaltet, etwa im Nebeneinander akribisch und flüchtig ausgeführter Partien. Die Lehne des Sessels umklammernd, in der Rechten das rot eingebundene Skizzenbuch, das der Maler ihr schenkte, schaut uns, vor einem altmeisterlichen Blumenarrangement, eine hübsche junge Frau an – gehüllt in ein helles Tüllkleid, dessen unruhig fließender Stoff an gesträubtes Gefieder denken lässt. Bürgerliche Solidität, spürbar durchzogen von einer leisen Spannung ... Klimt wählte hier erstmals ein quadratisches Bildformat, wie es für seine Kunst und die des Wiener Jugendstils verbindlich werden sollte, Letzteres auf Initiative Hoffmanns, der Mitte der zwanziger Jahre auch die Döblinger Villa der Knips' schuf. Dort fand das Porträt einen Ehrenplatz im Wohnzimmer.

Nicht anders verhält es sich, einen kurzen Fußmarsch südwärts der Gumpendorfer Straße, in der Weidinger Schleifmühlgasse 4, wo der Geheimrat Moriz Gallia residiert, Inhaber einer Glasglühlichtmanufaktur und engagierter Förderer von Secession und Wiener Werkstätte. In deren Gründungsjahr 1903 entsteht Klimts Porträt seiner Gattin Hermine, im weißen Abendkleid mit reich plissiertem Überwurf posierend. Es ist nicht ohne Pikanterie, dass die gut situierte Familie zehn Jahre später ihr neues Domizil ausgerechnet in der Wohllebengasse aufschlägt ... Wieder kommt dort Hoffmann gestalterisch zum Zuge, und über dem mit roter Seide bespannten Sofa im Salon prangt das Bildnis der Dame des Hauses.

Einen Katzensprung entfernt in der Schwindgasse 10 gelangen wir zu einer Ikone aus Klimts «Goldener Periode», seinem ersten Porträt der «Adele (Bloch-)Bauer» (s. S. 11), Tochter des Generaldirektors des Wiener Bankvereins und Präsidenten der Orientbahn. Und der Gatte Ferdi-

Bildnis Sonja Knips (Öl auf Leinwand, 1898, Österreichische Galerie Belvedere, Wien).
Klimt gelang mit diesem Porträt erstmals ein «sublimirter Extract des modernen Frauentypus» (Berta Zuckerkandl), wie er später etwa bei den Bildnissen *Emilie Flöge* (1902), *Margarethe Stonborough-Wittgenstein* (1905) oder *Fritza Riedler* (1906) besonders prägant in Erscheinung tritt.

GEGENÜBER:
Bildnis Serena Lederer (Öl auf Leinwand, 1899, The Metropolitan Museum of Art, New York).
Bei der attraktivsten seiner Salondamen war Klimt regelmäßig am Donnerstagabend zu Gast.

UNTEN:
Serena Lederer um 1930 in ihrer Wohnung in der Bartensteingasse, umgeben von Klimt-Gemälden (rechts ihr Porträt von 1899).

nand? Ist schwerreicher Zuckerfabrikant und siebzehn Jahre älter als seine Frau, was uns noch beschäftigen wird.

Begeben wir uns jetzt aber der Abwechslung halber weit in den Wiener Norden, auf die Hohe Warte. Dort errichtet Hoffmann 1901 eine kleine Künstlerkolonie: ein Doppelhaus für Carl Moll und Koloman Moser, zwei einzelne Villen für Friedrich Spitzer und das Ehepaar Henneberg. Der Physiker Hugo Henneberg – ein begabter Photograph, dessen Arbeiten in der Secession ausgestellt werden – führt ein gastliches Haus mit seiner Frau Marie, deren von Klimt gemaltes Porträt der Besucher gleich in der Halle bewundern kann: als erwarte sie ihn schon, im duftigen graublauen Gewand, in der Hand ein Veilchenbukett. Um ihr Bildnis lässt sie von Hoffmann einen Kamin inszenieren, wie einen Altar … Marie Henneberg spielt (als «Tante Mie») eine große Rolle in den Tagebüchern von Molls bereits erwähnter Stieftochter Alma, die, wie die anderen Nachbarn, oft eingeladen ist zu Hausfesten, Soiréen und Ausflügen.

Klimt ist wiederum häufig bei Carl Moll anzutreffen und nimmt generell regen Anteil an der Geselligkeit der Secessionisten und ihres Freundeskreises. Alma berichtet 1898 von einer Abendgesellschaft im alten Hause Molls, bei der eine prominente Sängerin sich über den ansehnlichen Appetit des Malers mokiert:

«Lilli Lehmann (…) war die ausgelassenste von allen. Zwischen Fleisch und Mehlspeise räumte sie die Teller weg und, als Klimt sehr viel aß, sagte sie: ‹Sie, Moll, frisst Ihr Präsident für die ganze Vereinigung (bildender Künstler Österreichs)?›»

Aber zurück aus dem grünen Villen-Idyll in die Innenstadt, zwischen Rathaus und Parlament: In der Bartensteingasse 8, unweit seines Josefstädter Ateliers, weilt Klimt donnerstags regelmäßig zum Abendessen bei seinen wichtigsten Förderern und Sammlern: Der Spirituosenfabrikant August Lederer unterstützt den Maler beispielsweise bei der Rückzahlung des Vorschusses für die Fakultätsbilder und erwirbt die «Philosophie»; von Hoffmann lässt er 1905 eigens zwei Räume zusammenlegen für die Hängung des Riesenformates. Weitere Gemälde und viele Zeichnungen Klimts kommen im Lauf der Jahre hinzu (aus dem Nachlass Koloman Mosers 1918 die «Jurisprudenz») sowie Porträt-Aufträge – eine teure Liebhaberei, bei der maßgeblich die Hausherrin Serena Lederer initiativ ist, damals eine der schönsten, bestgekleideten Damen der Wiener Gesellschaft.

So hat Hoffmann sie gesehen und Klimt 1899 die Zweiunddreißigjährige gemalt: ein ebenmäßiges Antlitz mit einem Lächeln in den klugen dunklen Augen, deren Ton der reiche, kokett eine Locke in Stirn kräuselnde Schopf aufnimmt. Den Kopf sacht nach links geneigt, scheint ihre Gestalt wie in einer langsamen Bewegung eingefangen, der Schwung des bodenlangen weißen Kleides wie aus dem Schaum einer Woge emporsteigend: eine Wiener Venus von distinguiertem Charme!

Klimt erwähnt die Diners bei den Lederers mehrmals in seiner Korrespondenz mit Emilie Flöge, so nach einem «verlumpten» Tag im Februar 1909: «Morgen Sonnt(ag) Led(erer) Essen Mittel für die neue Ausstellung ‹elendiglich› zu erhalten – noch ‹hundert Gänge› in Sicht – ekelhaft.» Bezieht das zähe Ringen um Finanzen sich auf die Gastgeber oder den (eingangs im Brief genannten) Termin im Arbeitsministerium? Wenige Tage später schimpft Klimt erneut, allerdings auch übellaunig wegen einer Unpässlichkeit:

«Und das Schuldeneintreiben pfui Teufel! – die Reichen bis die Geld auslassen – ekelhaft! – und in der schäbigen Körper und Gemütsverfassung herumlaufen müssen bei Behörden und Ministern – wieder «herumdrucken» müssen um ein paar ‹Netsch› (Kleingeld) zu ergattern – aber diese Leute benehmen sich wenigstens liebenswürdig.(...) Lederer fährt Samstag nach Paris ...»

Ungeachtet seiner Prominenz und spendabler Freunde blieben dem Künstler Mühen und Demütigungen also nicht erspart! Als er einmal während des Krieges in finanzielle Schwierigkeiten gerät (und in Gefahr, seinen «Goldgeldschatz» antasten zu müssen), kann er aber seine Mäzenin Serena um Hilfe in Form einer A-Konto-Zahlung angehen. Insgesamt hatte er bei den Lederers wohl kaum Grund zur Klage, weder bei Gängen um Geld noch denen der Mahlzeit! Am besagten Abend wurde es jedenfalls spät, hierfür spricht der «Katzenjammer» tags darauf ...

Einen weiteren Mäzen Klimts finden wir nahe Koloman Mosers Atelier am Rennweg, in der Magazingasse: Otto Primavesi, Großindustrieller und Bankier aus dem mährischen Olmütz. Nach Waerndorfers Debakel im Jahre 1914 finanzierte er den Fortbestand der Wiener Werkstätte, diente ihr bis 1925 als Geschäftsführer und stürzte seinerseits das Unternehmen (wie sein eigenes Bankhaus) in den Konkurs. Es half letztlich nichts, dass seine Gattin Eugenia zur Kontaktpflege mit der Kundschaft in den Räumlichkeiten der Firma kleine Gesellschaften gab!

Ende 1912, noch in besseren Zeiten, erhält Klimt den Auftrag für ein «Porträt der Eugenia Primavesi» und der neunjährigen Tochter Mäda, beides Meisterwerke seines farbintensiven Spätstils – als sie endlich fertig sind! Der Maler bestätigt im Juni 1913 dankend den Vorschuss von 15 000 Kronen, liefert jedoch erst knapp vor Heiligabend das als Weihnachtsgeschenk gedachte Bildnis Mädas ... Ein halbes Jahr nachdem es im Herrenzimmer aufgehängt wird, muss es schon wieder umziehen: Das neue Landhaus der Primavesis in Winkelsdorf (bei Mährisch Schönberg) ist bezugsfertig. Bei dieser Villa konnte Josef Hoffmann mustergültig sein Konzept des Gesamtkunstwerks umsetzen – bis in kleinste Details ästhetisch aufeinander abgestimmt.

Der organischen Verbindung von Kunst und Dasein entsprach die Lebenskunst, die sich in den geselligen Aktivitäten der Hausherren manifestierte, vor allem im ausgelassenen Mummenschanz der «Schweindlfeste» – die Dame des Hauses sorgte dafür, dass der Gast ein Kostüm aus demselben Stoff erhielt, den er auch als Möbelbezug in seinem Zimmer vorfand, und führte sorgsam Buch über Vorlieben hinsichtlich Unterbringung, Bettzeug, Blumenschmuck und Speisen! November 1913 stieg das erste jener legendären Kostümfeste, wo sich man «voll des süßen Weines» (Gästebucheintrag Klimts) bei Musik und Tanz amüsierte. Solche Einladungen waren für Klimt, Hoffmann und andere Künstler-Stammgäste besonders verlockend während der Mangelwirtschaft des Ersten Weltkriegs, als man in Wien von manchen Leckereien nur träumen konnte. Klimt erstattet seiner Emilie im Dezember 1915 einen (für seine Verhältnisse) ausführlichen Rapport über einen Aufenthalt bei den Primavesis, stilvoll auf einer «Haus-Postkarte» mit Photo des Anwesens, im weißen Briefumschlag:

«LIEBE EMILIE! WINKELSDORF Gestern neunstündige Bahnfahrt – dreistündige Wagenfahrt – (offene) im Pelz gehüllt. Ankunft 8 Uhr Abends – Winkelsdorf – gerädert und wolbehalten! – spät zu Bett – zeitlich auf. Natron in starker Verwendung – komme im übrigen dicker zurück. (...) Heute schäbiges Wetter – trüb – finster und Regen. Mittags starkes Krennfleischessen – Apfel und Krautstrudel – Abend wahrscheinlich Bratwürste – morgen Blut und Leberwürste etc. – irrsinnig! – Sonntag will ich mit Hoffmann heim – ich weiß nicht um wieviel Uhr – vielleicht bin ich früher dort als dieser gefetzte Brief – ich freue mich auf das Äusserste auf ein Wiedersehn. Vielleicht Montag Kino? Allerherzlichste Grüße GUSTAV»

OBEN:
Das *Bildnis Marie Henneberg* (Öl auf Leinwand, 1901/02, Staatliche Galerie Moritzburg, Landeskunstmuseum Sachsen-Anhalt) in der Empfangshalle ihrer Villa, mit dem von Josef Hoffmann gestalteten Kamin.

GEGENÜBER:
Villa Gloriettegasse 14–16 in Hietzing, 1914/15 von Josef Hoffmann errichtet für Otto Primavesis Schwager Robert.

Bestens gelabt und markanter beleibt kommt der Maler also von seinem Ausflug zurück, und die Erwähnung von Autofahrt und Kino macht deutlich, dass die Zeiten nicht nur ästhetisch moderner geworden sind seit seinen ersten Gemälden! Die Primavesis hatten ein gutes halbes Dutzend davon in ihrem Landhaus, das als Tempel des Wiener Jugendstils, auch was den Anteil Klimts anging, nur übertroffen wurde von einer Adresse in Brüssel: dem Palais Stoclet. Ursprünglich war dessen Bau auch in Wien beabsichtigt: Bei einer Promenade auf der Hohen Warte geriet das belgische Bankierspaar Stoclet auf das Grundstück des Doppelhauses Moll/Moser und darüber, nach einer spontanen Führung durch Moll, so in Verzückung, dass es Josef Hoffmann mit dem Entwurf eines ähnlichen Anwesens beauftragte. Stoclet musste seine Zelte jedoch bald wieder in Brüssel aufschlagen, was das Projekt erheblich komplizierte. Klimt, mit der Wandgestaltung des Speisezimmers betraut, flucht monatelang weidlich über die «Sauarbeit» und ist unzufrieden mit dem Ergebnis – zu Unrecht, denn der «Stoclet-Fries» zeigt ihn als Maler und Gestalter in Vollendung. Man hält es daher besser mit Eugenia Primavesi, die im Mai 1914 «sprachlos» war angesichts dieses Rausches von Gold und Farbe sowie der Schönheit des ganzen Hauses.

Zum Abschluss des Reigens reicher «Happy few» kehren wir zurück nach Wien, in das Döblinger Domizil des Hofrats und Anatomieprofessors Emil Zuckerkandl und seiner Gattin Berta, von der schon mehrmals die Rede war. Die Tochter des einflussreichen Publizisten und Verlegers Moriz Szeps führt als Journalistin, wie Hermann Bahr, eine engagierte Feder für Secession und Wiener Werkstätte und begeistert hierfür auch die Brüder ihres Mannes: So beauftragt der Urologe Otto Zuckerkandl Klimt 1914 mit einem Porträt seiner Frau Amalie. Voraus geht 1912 dasjenige Paulas, Gattin des Stahlbarons Viktor Zuckerkandl, der auch zahlreiche andere Gemälde Klimts erwirbt und 1904/05 von Hoffmann das berühmte Sanatorium Purkersdorf bei Wien erbauen lässt.

Auch nach dem Tod ihres Mannes im Jahre 1910 bleibt Berta Zuckerkandl aktiv als Gastgeberin ihres (1916 von Hoffmann umgestalteten) Salons, wo sie Wiener Prominenz aus Politik und Kultur um sich schart – ähnlich wie die meisten Damen des Finanzadels, die sich von Klimt porträtieren lassen. Das gilt vor allem für Adele Bloch-Bauer, eine belesene, vielseitig interessierte Intellektuelle, die bis zu ihrem frühen Tod im Jahre 1925 Hof hält in ihrem Palais am Schillerplatz.

Niveauvolle Künstlergeselligkeit im Domizil einer gebildeten, konversationsbegabten Frau: Diese Konstellation, ursprünglich auf Salons des französischen Adels im 18. Jahrhundert zurückgehend, erlebte mit Henriette Herz und Rahel Varnhagen um 1800 in Berlin eine Glanzzeit als Begegnungsort des Bürgertums mit dem aufgeklärten Adel und blickte in Wien auf eine ebenso lange Tradition zurück, dort verknüpft mit den Namen Fanny von Arnsteins oder Josephine von Wertheimsteins. Diese Damen luden regelmäßig an einem bestimmten Wochentag, einem «jour fixe», ohne formelle Einladung zu sich, weshalb man sie «Jourdamen» nannte – ein Ausdruck, der auch im Wien des Fin de siècle noch geläufig war, wie Felix Saltens Bemerkung über Klimts erste Fassung der Judith belegt:

«Diese Judith denke man sich bekleidet mit einer Pailletten-Robe aus einem Wiener Ringstraßen-Atelier, und es ist eine schöne jüdische Jourdame, die man überall trifft, die einherrauschend in ihren Seidenjupons bei allen Premièren die Männeraugen anlockt.»

Schöne Jüdinnen: So verhielt es sich, nicht anders als hundert Jahre zuvor, tatsächlich auch bei Klimts Auftraggeberinnen Bloch-Bauer, Gallia, Lederer und Zuckerkandl, und entsprechende Schicksale erlebten sie und ihre Vermögen nach der Annexion Österreichs durch Hitler-Deutschland im Jahre 1938 – ein trauriges Kapitel, das in den letzten Jahren durch spätes Geltendmachen von Erbansprüchen auch manches Klimt-Bild in die Schlagzeilen brachte und weder vollständig erforscht noch juristisch abgeschlossen ist.

Bleiben wir aber bei erfreulicheren Dingen, indem wir diejenige der schönen Jourdamen Klimts näher betrachten, der die Fortsetzung von Saltens Interpretation der «Judith» am ehesten gemäß ist:

«Ein schlankes, schmiegsam-biegsames Weib mit einem schwülen Feuer in den Augen und mit Nasenflügeln, die vor Leidenschaft beben. Rätselhafte Gewalten scheinen in diesem lockenden Weibe zu schlummern, Energien, Heftigkeiten, die nicht mehr zu stillen wären, wenn einmal in Brand geriete, was zu bürgerlichem Verglimmen gezwungen wird. Da streift ein Künstler ihnen die modischen Kleider vom Leib, nimmt eine davon und stellt sie im Schmuck ihrer zeitlosen Nacktheit vor uns hin ...»

Parallelen zum «Bildnis der Adele Bloch-Bauer» liegen auf der Hand, und diese hat auch für sich reklamiert, das Modell für die Judith abgegeben zu haben. Dass Klimt ihr zudem öfter das modische Gewand

OBEN:
Berta Zuckerkandl (1909).
Auch nachdem sie 1916 als Witwe eine bescheidene Wohnung in der Oppolzergasse bezogen hatte, sah sie – regelmäßig am Sonntagnachmittag – die kulturelle Elite Wiens bei sich und konnte mit Recht von ihrem riesigen grün-schwarzen Sofa behaupten: «Auf meinem Diwan wird Österreich lebendig.»

GEGENÜBER:
Wasserschlangen I (Wasser- und Goldfarben auf Pergament, 1904–07, Österreichische Galerie Belvedere, Wien).
Das (auch *Freundinnen* betitelte) Gemälde zeigt inmitten ornamentaler Pracht zwei junge Frauen, sanft ekstatisch einander umarmend.

vom Leibe streifte, gilt inzwischen als recht wahrscheinlich: Das glutäugige, nervös kettenrauchende Wesen mit dem sinnlichen Mund, in Vernunftehe einem deutlich Älteren verbunden, dürfte erstens seine Freiheiten genossen und zweitens dem Maler gefallen haben – der allerdings auch schon Mitte vierzig war, als er die Sechsundzwanzigjährige erstmals porträtierte. Doch es gibt zudem ja auch die Frage des Typs …

Klimt berichtet im März 1909 der (in Paris weilenden) Emilie von einem Abend mit dem Ehepaar Bloch: «Gestern Abschiedssouper Bloch bei Sacher – dann (Cabaret) Fledermaus $^{1}/_{2}$ zu hause – sie sind nach Monte Carlo – alles fährt fort.» Und Anfang 1912 empfängt sie die launige Botschaft:

«MITTWOCH Frau Bloch sagt daß ich gut aussehe, daß der Ausflug mir gut gethan – siehste! Sie hat geglaubt ich war am Attersee. Heute kommt Frau Primavesi – bin neugierig! – malen kann ich jetzt nix!
Herzlichste Grüße GUS»

Das klingt zwar nach vertrautem Umgang, doch lässt ein intimes Verhältnis von Maler und Modell sich nicht sicher nachweisen – wie im Fall einer anderen Repräsentantin der Wiener Haute volée, der (bereits im Zusammenhang mit Emilies Porträt erwähnten) Rose von Rosthorn-Friedmann (s. S. 51). Als Kronzeugin des Klatsches rufen wir einmal mehr die Tagebuch führende Alma auf, die am 19. Januar 1900 (während der Entstehungszeit des Porträts) bissig vermerkt: «Übrigens hat er seit kürzester Zeit ein Verhältnis mit der Rose Friedmann, mit dieser alten Scharteken! Er nimmt, wo er findet.»

Dass die 1879 Geborene eine Sechsunddreißigjährige zum alten Eisen rechnet, mag man noch durchgehen lassen, keinesfalls ihr geringschätziges Urteil: Schönheit, Geist und Herzenswärme lobte zum Beispiel Hofmannsthal an Rose von Rosthorn, und was Klimts angeblich wahlloses Wildern im Garten der Lüste angeht, so wissen wir, wie befangen die Schreiberin ihm gegenüber ist – später war sie übrigens bekanntermaßen selbst nicht gerade das, was man eine Kostverächterin nennen würde.

Gönnen wir jedoch dem Personal der Salons und Ateliers Diskretion bei ihren Amouren, es wird höchste Zeit, sich anderen Genüssen zuzuwenden und den Schritt zu tun vom Salon zum Salon-Beuschel und weiteren Köstlichkeiten, die die Künstlergaumen seinerzeit in Wiener Lokalen erfreuten.

Allgegenwart des raffiniert lockenden weiblichen Eros (Türgriff in der französischen Botschaft).

JÜDISCHER KAVIAR

Kaviar muss nicht immer Kaviar sein, die Leber nicht unbedingt von der Gans (wie bei Hasenbrot und Ochsenschlepp, s. S. 90 und 128), obschon gerade die Gänsestopfleber in der Altwiener Küche Tradition hat: als Ganslebergulasch, Gansleber gebacken oder auch Gansleber-Weckerl – exquisite Alternative zur Wurstsemmel!

(4 Portionen)
150 g Hühnerleber
Gänseschmalz zum Anbraten
1 Zwiebel,
in feine Würfel geschnitten
1 TL Zucker
frisch gemahlener Pfeffer, Salz
etwas Petersilie, fein geschnitten

Die gereinigten Lebern in Gänseschmalz sanft anbraten, dann die Zwiebelwürfel hinzufügen und glasig werden lassen. Anschließend die Hitze etwas reduzieren, Zucker zugeben, karamellisieren lassen und pfeffern. Die Lebern beiseite stellen.
Nach dem Auskühlen die Lebern mit einer Gabel zerdrücken, salzen und Petersilie einarbeiten.

Auf Toastscheiben servieren oder als Brotaufstrich, dekoriert mit hart gekochten, in Scheiben geschnittenen Eiern und rotem Pfeffer.

KARDINALSUPPE

Ein Beleg der vielfältigen Verwendbarkeit der Paradeiser und zugleich die distinguierte Antwort auf die deftige Krautsuppe (s. S. 93): Spielen sie dort nur die zweite Hauptrolle, sind sie hier nicht nur farblich dominant und mit Sahnehäubchen für hochgeistliche und andere herrschaftliche Tafeln herausgeputzt.

Brühe mit Zitronensaft, Thymian, Lorbeerblatt, Zitronenschale, Gewürznelke und Weißwein verrühren und die zerdrückten, geschälten Tomaten darin weich kochen. Anschließend passieren und mit Salz, Zucker und Cayennepfeffer abschmecken. Stärkemehl in Madeirawein verquirlen und in die Suppe einrühren. Weitere 5 Minuten leicht köcheln lassen.

Die Suppe in Tassen servieren; obenauf je einen Esslöffel ungesüßtes Obers geben.

(6 Portionen)

1 $^{1}/_{4}$ l Kalbsknochen- oder Rinderbrühe

1 kg Paradeiser (Tomaten), geschält

Saft $^{1}/_{2}$ Zitrone

etwas Thymian, 1 Lorbeerblatt

Schale von 1 unbehandelten Zitrone

1 Gewürznelke

$^{1}/_{4}$ l Weißwein

Salz, Zucker

Cayennepfeffer

2 EL Stärkemehl

$^{1}/_{8}$ l Madeira

$^{1}/_{8}$ l Obers (süße Sahne), steif geschlagen

TAFELSPITZ GARNIERT

(4 Portionen)

Für den Tafelspitz:
1 kg Tafelspitz
1 kg Markknochen
500 g Karotten
500 g Sellerie
1 Stange Lauch
2 Knoblauchzehen
2 Haushaltszwiebeln (halbiert und auf der Herdplatte geschwärzt)
Liebstöckel, Petersilie glatt,
5 g Muskatblüte
2 Lorbeerblätter
10 g Pfefferkörner schwarz

Für die Schnittlauchsauce:
$^1/_2$ altbackene Semmel (oder Weißbrot), in Würfel geschnitten
Milch zum Einweichen
1 hart gekochtes Ei (nur der Dotter)
1 roher Eidotter
$^1/_8$ l gutes Pflanzenöl
Salz, Zucker, Essig
frisch gemahlener weißer Pfeffer
1 Bund Schnittlauch, fein geschnitten

Für den Apfelkren:
3 mittelgroße Äpfel, geschält und geviertelt
Zitronensaft zum Beträufeln
2–3 EL fein geriebener Kren (Meerrettichwurzel)
Essig, Wasser,
1 Prise Zucker, Salz

Für den Tafelspitz: Rindsknochen blanchieren, anschließend mit kaltem Wasser aufsetzen und etwa eine halbe Stunde kochen lassen. Dann erst den Tafelspitz in die kochende Brühe geben, ebenso das Suppengemüse. Den Tafelspitz etwa 1 $^1/_2$ Stunden gar ziehen lassen. Das Fleisch gegen die Faser schneiden, die Scheiben auf einer Servierplatte anrichten, mit etwas Rinderbrühe übergießen, salzen und mit Schnittlauch bestreuen.

Für die Schnittlauchsauce: Weißbrot oder Semmel in Milch einweichen und gut ausdrücken. Hart gekochten Eidotter zerquetschen, rohen Eidotter hinzufügen und mit Öl, das tropfenweise zugegeben und untergerührt wird, zu einer Mayonnaise verarbeiten. Mit Salz, einer Prise Zucker, Essig und etwas weißem Pfeffer würzen. Zum Schluss den fein geschnittenen Schnittlauch unterziehen.

Für den Apfelkren: Die geviertelten, mit Zitronensaft beträufelten Äpfel im Rohr weich dünsten und durch ein Haarsieb passieren. Zu diesem Apfelbrei den fein geriebenen Kren geben, mit einem Spritzer Essig, etwas Wasser, Zucker und einer Prise Salz abschmecken.

Weitere Beilagen: glasierte junge Karotten, Rote Bete mit Kren, Rahmwirsing und Erdäpfelschmarrn.

Klassische Beilagen sind ferner Röstkartoffeln, Rahmspinat und aufgebackenes Brot.

Die liebevolle Hingabe der Wiener an dieses superbe Mahl von gesottenem Rindfleisch hat niemand besser beschrieben als Joseph Roth in seinem Roman «Radetzkymarsch» (1932):

«Das Auge des Bezirkshauptmanns liebkoste zuerst den zarten Speckrand, der das kolossale Stück Fleisch umsäumte, dann die einzelnen Tellerchen, auf denen die Gemüse gebettet waren, die violett schimmernden Rüben, den sattgrünen ernsten Spinat, den fröhlichen hellen Salat, das herbe Weiß des Meerrettichs, das tadellose Oval der jungen Kartoffeln, die in schmelzender Butter schwammen und an zierliche Spielzeuge erinnerten.»

OCHSENSCHLEPP

(4 Portionen)

Für Ochsenschlepp und Sauce:

1 1/2 kg Ochsenschlepp (oberster Teil des Ochsenschwanzes)
300 g Wurzelwerk (Karotten, Sellerie, Lauch), gewürfelt
1 Zwiebel, klein geschnitten
1 Lorbeerblatt
10 Pfefferkörner
Thymian
1/4 l Rotwein (Madeira)
Knoblauchzehen
3 geschälte Tomaten
Salz, frisch gemahlener Pfeffer
1 Schweinenetz

Für die Gänseleberfülle:

120 g Gänseleber, roh in kleine Würfel geschnitten
1/2 Bund frischer Majoran
1/2 Knoblauchzehe
2 altbackene Semmeln ohne Rinde, in Würfel geschnitten
1/16 l Milch
1 ganzes Ei
1 Eidotter
Salz, frisch gemahlener Pfeffer
frisch geriebene Muskatnuss
einige Safranfäden

Für den Ochsenschlepp: Das Schwanzteil in Stücke schneiden. Mit gewürfeltem Wurzelwerk, Lorbeerblatt, Pfefferkörnern, Thymian, Madeira, Knoblauchzehen und Tomaten in einem Bräter dünsten, bis er weich ist (am besten im Backrohr bei mittlerer Hitze ca. 3–4 Stunden). Falls nötig, etwas Rotwein angießen. Ochsenschwanzstücke aus der Sauce nehmen und zugedeckt abkühlen lassen. Anschließend noch lauwarm vom Knochen lösen.

In der Zwischenzeit die Sauce verquirlen und abschmecken, eventuell entfetten. Die Fülle vorbereiten.

Für die Fülle (einfache Variante): Getrocknete Semmelwürfel in Milch einweichen. Mit dem ganzen Ei und dem Eigelb verrühren und mit Salz, Pfeffer, Majoran, Knoblauch, Muskatnuss und Safranfäden würzen. Die gewürfelte Gänseleber darunter heben.

Die ausgelösten Ochsenschwanzteile auf dem ausgebreiteten Schweinenetz arrangieren: In die Mitte kommt ein schmaler Streifen der Fülle (der sozusagen den ausgelösten Knochen darstellt). Mit Hilfe des Netzes die Fleischstücke eng rund um die Fülle herumlegen, so dass sich wieder die Form eines Ochsenschwanzes ergibt.

Den «Ochsenschwanz» in einen Bräter oder auf ein Backblech legen, mit etwas von der Sauce begießen und im mittelheißen Rohr ca. 20 Minuten je nach Dicke der Fülle braten. (Sie muss gar werden!) Das Schweinenetz sollte knusprig sein, jedoch das Fleisch nicht austrocknen. Falls notwendig, mit etwas Rotwein oder Rinderbrühe angießen.

Vor dem Servieren kurz ruhen lassen und tranchieren, ähnlich den originalen Ochsenschleppstücken. Die Sauce nach Belieben mit etwas Madeira verfeinern und separat zum Fleisch reichen.

Als Beilage eignen sich geröstete Erdäpfel (Röstkartoffeln), mit Majoran oder Kümmel gewürzt.

Ochsenschlepp, also der dicke Teil des Ochsenschwanzes, zählt zu den so genannten Gustostücken des Rindes und gilt als besondere Delikatesse, die hervorragend mit der Füllung aus der feinen Gänseleber harmoniert. Aber auch die bescheidenere Variante mit bloßer Semmelfülle mundet trefflich.

MOHNTORTE

Die Phalanx der Torten am Wiener Mehlspeishimmel ist beeindruckend, von der relativ simplen Panamatorte mit Schokolade und Mandeln über die legendäre Sachertorte bis zu raffinierten Exemplaren, wie Dobos- oder Malakofftorte (s. S. 132 und 175), Esterházyschnitte und dergleichen. Der Mohn spielt seinerseits eine prominente Rolle im Wiener Küchengeschehen – beispielsweise beim unwiderstehlich duftenden Germknödel (Hefeknödel) mit Mohnbutter.

Butter mit Puderzucker, Vanille, etwas Rum, Salz und geriebener Zitronenschale schaumig rühren. Anschließend die Eidotter nacheinander einrühren, zuletzt den gemahlenen Mohn. Das Eiweiß steif schlagen, Kristallzucker einrieseln lassen und unter die Butter-Eier-Mohn-Masse heben. Weizen- und Stärkemehl mit der Milch glatt verquirlen und in die Masse einrühren. Den fertigen Teig in eine mit Butter bestrichene und mit Mehl bestäubte Tortenform füllen. Bei geringer Hitze etwa 1 Stunde backen.

Den Kuchen auskühlen lassen, anschließend aus der Form nehmen und mit Puderzucker bestäuben.

(16 Stücke)

150 g Butter

70 g Staubzucker (Puderzucker)

Vanillearoma (ausgekratztes Mark von 1 Vanilleschote oder Vanillezucker)

Rum

Prise Salz

abgeriebene Schale von 1 unbehandelten Zitrone

4 Eidotter

170 g gemahlener Mohn

4 Eiweiß

80 g Kristallzucker

50 g Weizenmehl

50 g Stärkemehl

$^{1}/_{16}$ l Milch

Puderzucker zum Bestäuben

MALAKOFFTORTE

(12–16 Stücke)
Für die Biskotten (Löffelbiskuits):
5 Eidotter
50 g Staubzucker (Puderzucker)
Vanille
5 Eiweiß
50 g Kristallzucker
100 g Weizenmehl
(ersatzweise fertige Löffelbiskuits)

Für die Malakoff-Creme:
$^1/_4$ l Milch
2 Eidotter
40 g Zucker
ausgekratztes Mark von
1 Vanilleschote oder Vanillezucker
3 Gelatineblätter
$^1/_4$ l Obers (süße Sahne), steif geschlagen
1 EL Rum

Für die Läuterzuckerlösung:
800 g Zucker
1 l Wasser
etwas Rum

Zum Garnieren:
Obers (süße Sahne), steif geschlagen
Vanillezucker
kandierte Kirschen
geröstete Mandelsplitter

Früher wurde Malakoff-Torte, benannt nach der (von Jean J. Pélissier während des Krimkrieges eroberten) Bastion Malachov bei Sewastopol, in der Regel mit einer gehaltvollen Buttercreme gefüllt. Heute verwendet man meist die leichtere, bekömmlichere und auch geschmacklich bessere Oberscreme.

Für die Biskotten: Die Dotter mit Puderzucker und Vanille sehr schaumig rühren, bis die Masse fast weiß und fest geworden ist. Eiweiß zu steifem Schnee schlagen, Kristallzucker einrieseln lassen und in die Dotter-Zucker-Masse unterheben. Zuletzt das Mehl vorsichtig darunter mischen.

Auf Papier mit einer glatten Tülle Biskotten dressieren, mit Puderzucker bestäuben und bei leicht geöffnetem Rohr und niedriger Temperatur langsam goldgelb backen. Um sich das schwierige Dressieren der Biskotten zu ersparen, kann man auch einfach längere Streifen auf das Backpapier setzen; nach dem Backen schneidet man diese zu Löffelbiskuits und löst sie vom Papier.

Für die Malakoff-Creme: Milch, Dotter, Zucker und Vanille im Wasserbad aufschlagen, bis die Masse dicklich wird. (Achtung: Kochen darf sie dabei nicht!) Anschließend beiseite stellen. Die in kaltem Wasser eingeweichten Gelatineblätter ausdrücken, hinzufügen und einrühren. Masse abkühlen lassen, geschlagenes Obers und Rum darunter ziehen.

Für den Läuterzucker: Den Zucker mit dem Wasser aufkochen; 5 Minuten kochen und anschließend auskühlen lassen. Die Lösung mit Rum aromatisieren und die Biskotten vor der Weiterverwendung kurz durch diese Flüssigkeit ziehen.

Fertigstellung der Torte: Einen Tortenreifenrand mit Papier auskleiden. Den Boden der Tortenform dicht mit Biskotten belegen, eine Schicht der Creme aufstreichen, dann den Vorgang wiederholen. Zuletzt wird mit einer Cremeschicht abgeschlossen. Die Torte mit Pergamentpapier bedecken und einige Stunden kalt stellen, wobei sie ganz erstarrt. Nun den Tortenreifen und das Papier entfernen. Ganz leicht mit Schlagobers, das mit Vanillezucker aromatisiert wurde, oben und am Rand bestreichen, so dass die Torte ganz davon eingehüllt ist.

Mit kandierten Kirschen und Mandelsplittern garnieren.

KAISERSCHMARRN, KUNST UND KAFFEEHAUS

Die Wiener Secession und ihr Umkreis genossen, nicht zuletzt unter auswärtigen Künstlern, den Ruf generöser Gastfreundschaft: Von üppigen Essen in Restaurant oder Kaffeehaus und stilvollen privaten Einladungen schwärmt zum Beispiel der Schweizer Maler Cuno Amiet, und ein Besuch Auguste Rodins wurde im Prater ausgiebig mit Champagner begossen. Zu Ausstellungseröffnungen war ein opulentes Mahl obligatorisch – Alma Mahler berichtet im März 1898 von einem Bankett im «Rothen Rössel», vier Jahre später Felix Salten über eine von den markanten Gestalten Klimts und Max Klingers dominierte festliche Tischrunde. Auch nach der Trennung von der Secession hielt die Klimt-Gruppe diese Tradition lebendig und tagte regelmäßig in einem Lokal, wie aus einem Bericht Ludwig Hevesis von der Kunstschau im Jahre 1908 hervorgeht:

«Alle Freitag abend ist großes Beisammensein im Restaurant ‹Zum deutschen Haus›. Ganz hinten, im Saale des ersten Stocks, versammelt sich die Klimt-Gruppe nebst allen Schülern und Schülerinnen aus der Kunstgewerbeschule. (...) Da ist Hoffmann, der Mann, der keine Nerven kennt (...), er bewahrt seinen Gleichmut und hat sofort einen Ausweg, macht aus jeder Not eine Tugend, (...) verbreitet Fassung um sich her.

Vollends Gustav Klimt. Da sitzt er in der Mitte der langen Tischseite, schlicht und bestimmt, Kraft ausströmend, geboren, ein Mittelpunkt zu sein. Sein massiver Schädel wird immer sichtbarer, denn das Haar wird rar und immer mehr betont sich der charakteristische einsame Schopf über der Stirne ... Ein Zungengeläufiger ist er nicht, obgleich er immer mit am Wort ist. Er hat so eine kurze herzhafte oder sarkastische Art, ein paar Worte hinzuwerfen (...). Immer ist Sinn dabei und immer ein entschiedenes Parteinehmen. Sein Akzent, sein Tempo, seine Gebärde ist Aufmunterung. (...) Ist Hoffmann ruhig, Klimt kraftbewußt, so ist der Moser schalkhaft. (...) Und Carl Moll, der ist das Perpetuum mobile ... Solange der sich bewegt, kann nichts ins Stocken geraten ...»

Moll war auch ein rühriger Gastgeber in seiner Villa auf der Hohen Warte, wo sich die Crème der Wiener Künstlerschaft die Klinke in die Hand gab, natürlich auch Klimt, über den Molls Stieftochter Alma einmal bemerkt: «Essen thut er wahnsinnig.» Ihr respektvolles Staunen über den Appetit des Malers liegt aber vielleicht in der Perspektive einer jungen Dame begründet, die es unter anderem gewohnt war, im Weinlokal von Bertha Kunz mit Champagner und «Caviarbrödchen» verwöhnt zu

VORHERGEHENDE DOPPELSEITE:
Im Refugium des Kaffeehauses lässt man sich nieder zu anregender Muße, und niemals darf hierbei die Zeitung fehlen – idealiter stöbert man im literarischen Feuilleton, einst «Intelligenzblatt» genannt.

GEGENÜBER:
Fegt der Wind von den Bäumen das Laub und streut glänzende braune Kastanien auf den Kies, werden die Tage rar, an denen man unter der matten Herbstsonne ein Viertel Wein im Freien genießt, als Gast einer urwienerischen Institution: des Heurigenlokals.

Im Speisesaal des Restaurants «Zum Schwarzen Kameel», um 1900 von Adolf Loos gestaltet in strenger Eleganz, mundet auch Bodenständiges, wie ein Schulterscherzel, eine Nuance distinguierter …

werden – wiederum oft in Gesellschaft Klimts, der nichts gegen edlen Schaumwein hatte, beim Essen jedoch eher Bodenständiges bevorzugte … und damit in der Küche seiner Heimatstadt insgesamt gut aufgehoben war!

Speisen konnte man in Wien damals schon in allen gastronomischen Güteklassen, was nicht zuletzt an der Weltausstellung des Jahres 1873 lag, in deren Zuge neue exklusive Etablissements die Pforten öffneten, wie «Grand Hotel» und «Imperial» am Kärntner Ring. Letzteres unterhielt, auch zum Wohle seiner anspruchsvollen Hausgäste (die Theater-Diva Sarah Bernhardt etwa reiste mit zwei Dutzend Koffern), ein ausgezeichnetes Café an der Ecke zur Canovagasse, das ab 1894 um die Ehre der nobelsten Ringstraßenadresse konkurrierte mit dem zum Hotel «Bristol» gehörigen «Café Sirk» und dem Restaurant «Korso».

1876 eröffnete gegenüber der Oper – «dem elegantesten und frequentesten Platze der Stadt» – das sagenumwobene «Sacher», dessen Chefin Anna über eine vorwiegend adlige Klientel, großzügige Restauration (inclusive Café und Haustorte) sowie eine Hundertschaft liebevoll gezüchteter Bulldoggen gebot. Nur wenige Schritte entfernt, am Neuen Markt, folgte 1896 das Hotel «Meißl & Schadn» mit seinem berühmten Esslokal, auf dessen Speisekarte der Gast unter 50 verschiedenen Rindfleischgerichten auswählen konnte! Musikfreunde kamen nach der Vorstellung gleich im «Opernrestaurant» kulinarisch auf ihre Kosten, nahmen aber auch gerne einen Spaziergang Richtung Bognergasse in Kauf, um sich an geröstetem Kalbshirn mit Ei zu delektieren im «Schwarzen Kameel» – eine bereits zu Beethovens Zeiten geschätzte Adresse für Feinschmecker und seit der Umgestaltung durch Adolf Loos obendrein von bestechend elegantem Ambiente.

Das letztgenannte Lokal rangiert hinsichtlich des Speisenangebots im Grenzbereich zu einer im Grunde weit «wienerischeren» Institution als dem Gourmet-Tempel: dem Beisl. Will heißen: ein gemütliches kleines Restaurant, wo die klassische Altwiener Küche gepflegt wird mit gehaltvollen Suppen, Erdäpfeln in unterschiedlichster Zubereitung, stattlichen Portionen Rind-, Kalb- und Schweinefleischs und einer Auswahl traditioneller Mehlspeisen – solid und unprätentiös. Ursprünglich bezeichnete übrigens das Wort Beisl, wie zahlreiche kulinarische Wiener Begriffe aus der Gaunersprache stammend, eine üble Spelunke ... Ältestes seiner Art war das «Griechenbeisl» am Fleischmarkt, historisch wie topographisch unmittelbar gefolgt vom «Marhold» an der Ecke zur Griechengasse, auch zu Lebzeiten Klimts ein Begriff als «Stelzenwirtshaus», wo man exzellente Schweinshaxen auf den Tisch bekam.

Lokale wie das «Schwarze Kameel» waren seinerzeit in Wien noch beinahe Feinschmeckeroasen in einer Wüste des Deftigen.

Andere Beisln lockten mit lauschigen Gastgärten die Kundschaft, wie unweit der Secession die «Goldene Glocke», und wer besonderen Wert legte auf köstlichen Rebensaft, bekam gut eingeschenkt in diversen Weinlokalen, häufig als Ausflugsgaststätten am Stadtrand etabliert, wie «Weingartl» und «Goldene Traube» in Währing: eine vornehmere Variante der außerhalb Wiens gelegenen, volkstümlichen Heurigen und zugleich eine Alternative zu den Gastgärten des Praters, Stadtparks und Volksgartens.

Eher Anziehungspunkte für Biertrinker waren die großen Brauerei- und Kellerlokale, wie der «Rathauskeller» oder «Zur großen Tabakspfeife» am Graben, wo schon Mitte des 18. Jahrhunderts auch Kaffeehäuser existierten – damit jedoch betreten wir ein Terrain, das uns später eine eigene, eingehende Betrachtung wert ist!

Begeben wir uns jetzt zunächst mitten hinein in die Wiener Küche, verscheuchen die dichten Schwaden über den schweren Töpfen und Pfannen und delektieren uns an Duft und Anblick von Gesottenem, Gebratenem, Gedämpftem und Gebackenem, dass uns das Wasser im Munde zusammenläuft ... Schaut man wiederum den Wiener Köchen auf den Mund, wird am Wortschatz offenkundig, welche Melange unterschiedlichster Einflüsse hier vorliegt! Wir treffen nicht nur auf «Dialektisches», das manch archaischen Ausdruck bewahrt, sondern auf Begriffe aus allen Teilen des ehemaligen Vielvölkerreiches: die Palatschinke zum Beispiel stammt, wie das Gulasch, aus Ungarn (pálácsintá = Pfannkuchen), die Buchtl ist tschechisch (buchta = Dampfnudel), Auberginen heißen nicht umsonst gut italienisch Melanzani.

Wer zudem aus Deutschlands nördlicheren Gefilden anreist und schon am altbaierischen Tisch über Geschlechtsumwandlungen staunt (der Butter, m.), kann sich in Wien weiter wundern über den maskulinen Model und so fort. Und obwohl er vielleicht beim Japaner lässig Sushi und Sashimi auseinander hält, rätselt er an der Donau über Ribisln, Fisolen und Karfiol auf der Speisekarte, dabei sind es doch nur die vertrauten roten Johannisbeeren, grüne Bohnen und Blumenkohl! Anrainer der Isar hingegen erkennen die Eierschwammerl ohne Not als Pilze (wenngleich die Pfifferlinge bei ihnen Reherl heißen). Vor allem Skeptikern von Spree und Alster sei gesagt, dass sich hinter Lungenbraten keine Innereien verbergen, man mit Paradeisern zugleich Liebesäpfel auf dem Teller hat, anstatt einfach prosaisch Tomaten zu essen, und ganz prinzipiell: dass man in Wien seit je gerne und gut speist!

Die Lust der Wiener am Essen fand bereits Anfang des 14. Jahrhunderts ein Echo in der Literatur: «Fraßheit hat genommen überhand / Und allermeist in Osterland, / Trunken, voll und nimmersatt / ist mancher Mann in der Wiener Stadt, / Und etlich Fraun auch allda.» – Es gehört zum Wesen der Satire, dass sie übertreibt, um den Kern der Sache zu treffen, was ihr hier nur halb gelingt. Denn die moralisierenden Spottverse verschweigen, dass man nicht nur reichlich, sondern auch recht qualitätvoll zu schlemmen wusste: Nicht zufällig reicht bei der Wiener Küche, deren heutiges Profil während des 19. Jahrhunderts entstand, die Tradition mancher Rezepte bis ins Mittelalter zurück.

Im Kontext der Elemente betrachtet: Sie sind in Wien durch das Herdfeuer, das zum Kochen (gerne als Dampf) nicht minder unentbehrliche

Das legendäre Kürbiskernöl aus der Steiermark (woher auch viele der besten Köche des Landes stammen) ist heute einer der wichtigsten kulinarischen Exportartikel Österreichs. Schon zu Lebzeiten Klimts genoss man gerne gedünsteten Kürbis als Beilage zum Rindfleisch.

Der heute zur Hälfte von Trödlern beherrschte Naschmarkt war ursprünglich als reiner Obst- und Gemüsemarkt auf dem Gelände des «Paradeys-Gartens» gelegen. So sah ihn ein Generationsgefährte Klimts:
«Wenn man vom Kärntnerring in Wien über die Elisabethbrücke kommt, vermeint man das Zeltlager eines Nomadenstamms zu erblicken. Das ist der Naschmarkt mit seinen zahlreichen Obst- und Gemüsestandeln, die durch ungeheure Regenschirme aus Segeltuch vor Sonne und Regen geschützt sind.»

Wasser, die Erde durch das beliebte Wurzelgemüse als Beilage vertreten, überwölbt von einem luftigen Mehlspeishimmel ... In erster Linie aber ist allgegenwärtig die Versuchung des Fleisches: vom Wiener Schnitzel über den Rostbraten bis zu Tafelspitz und Backhendl: Rindfleisch-Varianten in gemischter Panade-Parenthese. Fremdlinge müssen an der Donau oft erst lernen, nicht wie der Ochs vorm Scheunentor zu stehen angesichts der Vielfalt der Rindfleischgerichte und der ungewohnten anatomischen Bezeichnungen, angefangen mit dem Beiried genannten Entrecôte über Bibergoschn, Brustkern, Hüferschwanzel und Scherzl bis zum Schlepp – das ist der dicke Teil des Ochsenschwanzes, gerne mit einer Füllung von Gänseleber serviert (s. S. 130).

Als Impression sei dies hier genug: Weiteres findet der Leser erläutert in einem kleinen Glossar und anhand der Rezepte, deren Reigen ihm zudem unmissverständlich vor Augen führt, dass auf Wiener Herden auch das Edle aus dem Deftigen erwächst, wie etwa das Beuschl an der herrschaftlichen Tafel zum Salonbeuschel mutiert. Welchem Gourmet nun, konfrontiert mit Kalbskopf, Bries, Hirn, Lunge, Milz und dergleichen, das Herz in die Serviette sinkt, der lasse seine Kenntnisse auf Nieren prüfen – und wird feststellen, dass diese Innereien Klassiker einer Küche sind, die Schlachttiere noch einer weit intensiveren Verwertung zuführte, als heutzutage allgemein üblich. Nach einem Fehlstart in die Nouvelle Cuisine pflegt man in Wien längst wieder diese Tradition und hält Innereien mit großem Erfolg besonders zum so genannten Gabelfrühstück bereit, einer gegen 11 Uhr vormittags zelebrierten Zwischenmahlzeit.

Lassen wir, als Entremêt für Zartbesaitete, einen delikaten Fisch auf den Tisch kommen – besonders Donaulachs (Huchen) und Zander sind in Wien gern gesehen (und vertilgt) – oder alternativ einen Erdäpfel-Vogerl-Salat und lassen am Mehlspeisenhorizont verlockend die legendären Torten aufleuchten: Malakoff, Sacher, Dobos, Hunyadi und ihre kalorienreichen Verwandten, genossen zu einer der zahlreichen Kaffeespezialitäten, an denen Wien so reich ist wie kein anderer Platz auf Erden – auch hier gilt im besten Sinne, vom großen Braunen bis zum Mazagran, das Prinzip der Melange.

Nun aber schleunigst im Einspänner zurück zu Klimt! Er hätte sich durchaus öfter im Hotel Sacher mit «Caviar au beurre» oder «Chaufroid de Langoustes» (aus einem Menü von 1891) traktieren können, zog jedoch im Zweifelsfall das «Chaudeau» (wienerisch «Schado»), also ein

FENCHEL
1kg € 2,60
RADICCIHO
BIRNEN
1kg € 1,75
STEIER
GALA APFEL
1kg € 1,50
UNGARISCHE
3,00
SPANIA

simples «Dunstkoch», vor sowie andere solide Gerichte. Als einem Menschen im Spannungsfeld von Bodenständigkeit und Genialität war ihm die Küche seiner Heimatstadt förmlich auf den Leib geschrieben – in ihrer Gesamtheit, vom Erdäpfelsalat über die Kalbsstelze bis zum «Mohr im Hemd». Allerdings hielt er sich nicht an die Devise, die einst der Schriftsteller Friedrich Nicolai beobachtete: «Ein wohlhabender Bürger in Wien esset beynahe den ganzen Tag.» Klimts kulinarischer Tag begann recht süß (zuweilen nach einem Wäschermädel ohne Hemd ...):

«Klimt war Frühaufsteher und bewegungshungrig, wanderte frühmorgens von der Westbahnstraße (...) just nach dem entfernten Meidling, ins Café Tivoli, dessen altwienerisches Milieu neben Schönbrunn ihm, dem modernen Künstler, am meisten zusagte. Als illustrer Stammgast wurde er dort gehegt und gepflegt; ein opulentes Frühstück, bei dem eine große Portion Schlagobers die Hauptrolle spielte, mußte ihn für den ganzen Tag stärken.»

Carl Moll, sonst gewiss ein verlässlicher Chronist, missgönnt dem Freund (und uns) in seinem Bericht das anmutige Zentrum der Morgenmahlzeit: den Gugelhupf, auf den Klimt in der Früh ebenso ungern verzichtete wie Kaiser Franz Joseph! In mehreren anderen Quellen ist diese Vorliebe des Künstlers belegt, und schließlich bildet der Kuchen ja auch, neben dem stärkenden dunklen Kaffee, die fast unentbehrlich nahrhafte Substanz zur ephemeren Sahne. Dies gilt erst recht, wenn das Morgenmahl, ohne zwischenzeitliches Gabelfrühstück, den ganzen Tag vorhalten soll: «Die Arbeiten (im Atelier) wurden mittags unterbrochen. Südfrüchte und Näschereien genügten ihm bis zur Abendmahlzeit, die dann umso üppigeren Ersatz bieten mußte.»

Statt der Südfrüchte findet man anderswo, eventuell saisonbedingt, Äpfel erwähnt, entscheidend aber ist die lange Zäsur bis zum Nachtmahl, die (wenigstens zum Teil) dafür verantwortlich war, dass der Maler dann beherzt zulangte, ohne dass man ihn hierfür einen «Nigl» (Vielfraß) schimpfen dürfte ... Über seinen beträchtlichen Abendappetit sind sich alle Zeugen einig. Mit einer simplen «Eierspeis», wie von Cuno Amiet im «Café Museum» beobachtet, dürfte Klimt sich selten beschieden haben: Wie Sonntagmittag (ausnahmsweise) das «Brathenderl» war abends etwa «Schweinscarrée mit Kraut und Knödeln» oder, nach guter Wiener Tradition, Rindfleisch willkommen. Ein überzeugter Vegetarier spricht jedenfalls kaum aus diesem Brief an Emilie:

«Tivoli Heiter, windig (...) so ganz vollwertige Feier- oder Ausflugstage verlieren wir eigentlich nicht. (...) Schönbrunn verstaubt – verdorrt – unser Garten verdorrt – der Lindenduft verklingt es ist lange nicht mehr so schön. Gestern fleischloser Tag mit Eibl bei Schwestern Flöge.»

Ausgerechnet bei ihren Schwestern, mag sich die Gefährtin in der Villa Paulick gedacht haben, war sie doch zudem eher Nachrichten der folgenden Art gewohnt, wie im März 1909 nach Paris: «Heute starken Hunger – Sogleich wird eine Wurst einlangen und ein Mohnstrizzerl.» Wurst ist die Leidenschaft der Heißhungrigen, auch nebenbei an Würstelständen (an denen Wien reich ist bis heute!) kommensurabel oder im Bedarfsfall als Proviant, wie ein Mitreisender aus Italien berichtet: «Klimt bombardiert die Mitreisenden mit Schneebällen. Aber die Bahn fährt, obwohl der Schnee so hoch liegt. In Udine kauft Klimt ungeheure Mortadellawurstvorräte.»

Klimts Essgelüste wurden am Abend offenbar selten, wie morgens obligatorisch, von einem Spaziergang angefacht, meist nahm er vom Atelier nach Hause oder ins Restaurant einen Fiaker. Anfang 1913 heißt es in einem weiteren Brief: «8 Uhr Abend – zu Fuss am Heimwege, was schon lange nicht da war – ‹Verlassen› – (und mit etwas Freßgier behaftet).» Über abendliche Einsamkeit hatte er, auch in Abwesenheit Emilies, eigentlich nie zu klagen: Entweder weilte er im Kreise seiner Familie, hielt sich bei den Schwestern Flöge in der Mariahilfer Straße auf oder war (oft auch mit diesen Damen) in Gesellschaft unterwegs.

Klimts engeren Freundes- und Bekanntenkreis bildeten vorwiegend Mitglieder und Mäzene der Secession, allen voran Carl Moll und seine Gattin Anna, in deren Villa er oft zu Gast war (nicht nur wegen der Tochter Alma ...), ebenso regelmäßig bei der Familie Lederer. Bei seinen abendlichen Streifzügen durch Wiener Lokale wurde Klimt häufig begleitet von Josef Hoffmann, dessen Schüler Otto Prutscher, Emilies Bruder Hermann, dem Malerkollegen und Fechtpartner Paul Bacher, dem Stahlindustriellen Erwin Böhler, mitunter auch Carl Moll. Dessen Nachbar Koloman Moser hingegen scheint nur sporadisch mit von der Partie gewesen zu sein.

Ein Stammlokal der Secessionisten war der «Löwenbräu», eine Münchner Bierhalle hinter dem Burgtheater, wo man neben Theaterleuten, Architekten wie Adolf Loos und Malern auch Helden der Feder, darunter Peter Altenberg, Egon Friedell und Karl Kraus, traf. Nach Mitternacht, wenn

GEGENÜBER:
Typische Architektur eines Heurigenortes: niedere Gemäuer, Durchgänge mit Gewölben, lauschige Ecken.

UNTEN:
Koloman Moser und Gustav Klimt im Garten Fritz Waerndorfers in der Weimarer Straße 59 (damals Karl-Ludwig-Straße 45), XVII. Bezirk (um 1898).

die Künstlerkneipe schloss, zog das bunte Völkchen gerne um in die «Casa Piccola» in der Mariahilfer Straße 1b (wie Emilie Flöges Modesalon), das dem Vater von Loos' Gattin Lina gehörte. Ein weiterer beliebter Treffpunkt für Kunstschaffende aller Couleur war das Restaurant «Zum grünen Anker» in der Grünangerstraße, das neben einer illustren Gästeliste (Schubert, Brahms, Klimt, Schiele) mit italienischer Küche aufwarten konnte – damals in Wien noch eine Besonderheit, die den Feingeist und Feinschmecker Altenberg zu dem süffisanten Kommentar anregte:

«Ich habe von den perfiden Italienern gelernt: ausgelöste weiße zarte Fisch-Stücke in einer Tunke von dünnflüssigem Paradeis-Lorbeer-Paprika-Majoran-Safte, in tiefen Porzellan-Schüsselchen! (...) Italien, das bissl Gute, das Du hast, werden wir Dir weggenießen!»

Unter den Lokalen, die Klimt in seiner Korrespondenz mit Emilie erwähnt, finden sich regelmäßig gutbürgerliche Gaststätten mit Kegelbahn, wie Hartmann am Kärntner Ring. Im biederen «Rathauskeller» scheint er sich, trotz aller Lust am «Kegelscheiben», allerdings nicht wohl gefühlt zu haben: «Tivoli Freitag Gestern endlich Kegel-Parthie Hermann, Böhler Prutscher Helen Pauline – schön aber kühl und – primitiv! Pauline leidlich ‹angeschwipst› – Tag vorher wie ich hörte – gleichfalls – Rathauskeller! Herzlichsten Gruß aus Wien Gustav»

Hier haben wir andererseits, abgesehen von Moll, die ganze Kegler-Bagage zusammen: Hermann Flöge und seine Schwestern Helene und Pauline, Böhler und Prutscher! Der Innenarchitekt zeichnete übrigens für die Einrichtung zahlreicher Kaffeehäuser verantwortlich ... Mit seinem Lehrer Josef («Peppo») Hoffmann und Freund Klimt weilt er Juli 1910 zum Abendessen in Dornbach am Rande des Wienerwalds, im Restaurant «Zur güldenen Waldschnepfe», einem sehr populären Gartenlokal mit Schrammel-Musik:

«TIVOLI erst trüb dann Ausheiterung – bleiche Sonne. Gestern mit Peppo, Prutscher und Dulik bei der ‹Waldschnepfe›. Nachtmal, ziemlich solid 12 Uhr daheim. Heute nur wenig ‹vedebscht›. Sonst wol.»

Mal trüb, mal heiter klingt ein Brief Klimts vom Januar 1917, was wohl einerseits an Emilies Abwesenheit (in Steinakirchen am Forst) lag, andererseits an seinem Kater, nachdem er die Nacht zum Tage gemacht hatte – in offenbar nicht allzu anregender Gesellschaft:

«UNTER ST. VEITER WERKSTATT FREITAG Trüb, kalt – fad. Gestern sehr spät heimgekommen KEGELGESELLSCHAFT nachher im Hotel Bri-

stol dieselbe Gesellschaft bis 4 Uhr morgens – sehr blöd! Heute etwas demoliert. Brief erhalten – ich höre ‹Schwips› – ohne nähere Erklärung! WIE-WO? Brav brav! – Bezüglich Deiner Heimfahrt bin ich genauso unklar wie Du, ich weiß nur eines, daß ich Dich nicht abholen kann – leider! Über Sonntag allein geht es nicht und anstückeln kann ich mir bestem Willen nicht, denn – ich muß fertig werden mit den zwei Bildern (...). Einerseits hätte ich gerne daß Du möglichst lange bliebest – andererseits möchte ich Dich schon gern dahaben – Ausreisserin!»

Die Adressatin wird diese leicht brummige Morgenepistel eher belustigt haben, kannte sie doch nur zu gut diese Lamenti nach Zechereien: «drohendster Mangel an Sauerstoff» oder «grosser Sauerstoffmangel» heißt es oft. Einmal bekennt Klimt «zu viele ‹Spätheit› hintereinander», befindet sich wenige Tage darauf aber erneut in «halbiertem Zustand»! Was nicht die Regel war – meist suchte er nach kleinen Exzessen wieder ins Lot zu kommen, sogar an einem für intensives Nachtleben idealen Ort wie Paris, woher er Emilie im Herbst 1909 schreibt:

Verheißungsvolle Ankündigung: Ausschank edlen Rebensaftes. Einst signalisierte ein außen am Haus angesteckter Besen, dass in der «Buschenschank» junger (heuriger) Wein der letzten Lese ausgeschenkt wurde. Heute ist die Palette breiter, aber nach wie vor gilt das Prinzip, dass der Wiener beim Heurigen gleichsam doppelt ein Wiener ist.

«Dienstag Gestern Nachmittag mit (Hugo von) Tschudi Privatgallerie besucht – Cezanne – Manet – sehr schön! Bei mir ‹Katzenjammer in Blüthe›! Gestern abend prachtvolles Straßenleben – ich muß' müd' solid zeitlich zu Bett.»

Nicht eben enthusiastisch äußert Klimt sich über den legendären Vergnügungstempel «Folies Bergères» («auf der Bühne und sonst nicht viel los») und die Pariser Weiblichkeit im Allgemeinen: «Nachdem ich die erste Enttäuschung überwunden finde ich doch nach und nach die interessante bessere Französin – allerdings darf man nicht zu genau schau'n es ist vieles gemacht – aber schließlich gut gemacht.» Obwohl zumindest in und vor einschlägigen Etablissements die Damen sich so präsentierten, wie er die herbstliche Stadt insgesamt erlebte – «Paris ist fast entblättert» – erfüllt auch der Samstag darauf nicht seine Erwartungen:

«Samstag Geflohen ins Parisiana – wenigstens einige hübsche Weiber dort zu sehen – am Montmartre die ersten jungen Weiber erblickt, (Cokotten natürlich) aber wenigstens keine ‹Wrak's›.»

Ob all dies Klimt wirklich so fad war, wie er in diesen augenzwinkernden Berichten glauben machen will? Bei seinen Klagen über Langeweile steht gewöhnlich eine gelinde Selbstironie zwischen den Zeilen, etwa wenn er an Emilie schreibt: «Es scheint daß ich mit meinen ‹Amüsementgelüsten› ziemlich am ‹Hund› bin – was mir nicht recht gefällt – oder?»

Zum abendlichen Zeitvertreib gehört öfter das Kartenspielen mit Emilies Bruder und Schwestern oder mit seiner Mutter: «Sonntag Abend Mutter Tarok – Mutterglück trotzdem knapper Sieg M 31–G 38», vermeldet er exakt im Juli 1906 … Und der Abend hat offensichtlich Folgen, denn nach einer Rüge der unterlegenen Mitspielerin muss er sich endlich aufraffen, sein allseits ungeliebtes Porträt Emilies zu veräußern! Ohne Unterschrift (!) folgt am nächsten Tag die Nachricht:

«Gestriger Sonntag etwas ‹gschpaßig›. Heute wirst Du ‹verschachert› respective ‹einkassiert› – habe gestern von Mutter ein Putzer gekriegt. Herzlichste Grüße»

Auch Alma Mahler, eine zuweilen ungnädige Chronistin («Als ich bei dem Gasthaus bei der Elisabethbrücke vorbeiging, fraßen die Secessionisten gerade ihr Mittagsmahl»), berichtet von «Taroquepartien» im Hause Moll, an denen Klimt gerne teilnahm: Nach dem zwischendurch servierten Nachtmahl «wurde im Atelier der schwarze Kaffee genommen, getanzt und gesungen», dann widmete man sich wieder dem Spiel,

Ob in Nussdorf oder Grinzing – der Charme der alten Gartenlokale zieht unwiderstehlich in Bann. Und meist zieht das erste Viertel köstlich kühlen Veltliners oder Weißburgunders das zweite nach sich sowie eine herzhafte kleine Mahlzeit, etwa Liptauer Käse (s. S. 163), damit man beim doppelten Genuss nicht ebenso sieht.

später tanzen die Dame des Hauses und eine Freundin Ballet, und es wurde «riesig fidel» bis halb vier Uhr morgens – nicht nur aus der Sicht der Verliebten, der der Maler kaum von der Seite weicht («ein reizender Kerl. So natürlich, so bescheiden – ein echter Künstler!»).

Jetzt sind wir, nach einem Ausflug zu Pariser Kokotten, bei einer koketten Wienerin gelandet, auf der Hohen Warte, und von dieser aus lenken wir den Blick auf die Niederungen der Praterwiesen, denn «Klimt war ein bekannt guter ‹Praterschreiber›» (Pirchan), der es selten eilig hatte, aus den Gastgärten dort fortzukommen – es sei denn, er entbehrte, wie im Juli 1902, Emilies Gesellschaft:

«Liebe Emilie! Kann leider heute nicht kommen – bin um 5 Uhr im Sachergarten im Prater – müßte nur sein daß die Geschichte bald aus ist – daß ich darnach noch, zeitlich genug frei wäre besten Gruß Gust»

Der Prater war, worauf schon der Name hindeutet (lat. pratum, Wiese), ursprünglich ein Wiesen- und Waldgelände an der Donau, das lange Zeit dem Hof als Jagdrevier gedient hatte. Der Bürgerschaft war das Betreten verboten, in der davor gelegenen Jägerzeile (ungefähr der Bereich der heutigen Praterstraße) siedelten sich indes früh Schankwirtschaften und Vergnügungsstätten an, als beliebtes Ausflugsziel an Wochenenden. Im Jahre 1766 schließlich öffnete der liberale Joseph II. das Prater-Gelände der Allgemeinheit, worauf die Gastronomie sofort mit höchstem Interesse reagierte! Eine knappe Woche nach dem Erlass des Kaisers stand folglich im «Wiener Diarium» zu lesen, er habe nunmehr auch beschlossen, «allen burgerlichen Gastgeben und Coffeesiedern, welche in dem Bratter tractieren, Wein, Bier, Coffee und dergleichen auszuschenken, oder andere Bequemlichkeiten daselbst zu verschaffen wollen, die Erlaubnis dazu gratis erteilen zu lassen».

«Liebe Emilie!
Kann leider heute nicht kommen – bin um 5 Uhr im Sachergarten im Prater»

Bald boten rund hundert Wein- und Bierwirte sowie «allerhand Coffee-Sieder, Lebzelter, Fleischselcher, Bradelpratter, Kaßstecher, Limonihandler, Chocolattenmacher» und eine «Krapfenbacherin» ihre Dienste an. Die Konkurrenz der fliegenden Händler, meist als «Brot-Schani» oder «Salamucci» (Salami- und Käsehändler) unterwegs, war bei den Wirten nicht gerne gesehen, andererseits zog der Prater eine solche Menge Gäste an, dass letztlich jeder auf seine Kosten kam. Bereits 1790 eröffneten an der Hauptallee drei Kaffeehäuser, und nach dem Wiener Kongress 1815 entwickelten sich Gastronomie und Attraktionen sprunghaft. Sehr beliebt wurden die Konzert- und Tanzcafés, und 1895, zwei

Jahre vor Installation des Riesenrads, bestaunte das Publikum im neu eröffneten Kaisergarten die Sensation eines «Venedig in Wien»: ein Areal mit Palazzi, Kanälen und Gondeln, Champagnerpavillons und einem (allerdings französischen!) Restaurant. So etwas wagt man heute nur noch in Las Vegas …

Die vornehmste Adresse des Praters war der von Klimt erwähnte «Sachergarten», 1874 gegründet vom Hotelbesitzer Eduard Sacher im so genannten Waldsteingarten an der Hauptallee. In diesem eleganten Etablissement, wo sich Geburts- und Geldadel verwöhnen ließen, gab einmal sogar Kaiserin Elisabeth ein Diner!

Im Juni 1902 weilte Klimt dort mit einem illustren Gast aus Paris: Auguste Rodin. Berta Zuckerkandl, als Schwägerin des Bruders von Georges Clemenceau auf vertrautem Fuße mit den gehobenen Kreisen an der Seine, hatte den Bildhauer zur XIV. Ausstellung der Secession eingeladen, in deren Mittelpunkt die Beethoven-Statue Max Klingers stand. Dieser gönnte Rodin anscheinend kaum einen Blick, bewunderte hingegen

Der Sacher-Garten im Prater, wo Klimt und Rodin im Juli 1902 gemeinsam speisten.

Ehrwürdige alte Bäume prägen die Atmosphäre des Praters jenseits der Vergnügungsetablissements.

Klimts zu diesem Anlass geschaffenen «Beethoven-Fries» mit seinem Ensemble markanter Figuren, üppigem Goldgrund und teils kühnem Kolorit. Auch den Zeichnungen des Wiener Kollegen sah Rodin sogleich das Geniale an – hier trafen zwei Ebenbürtige aufeinander und verstanden sich offenbar prächtig, wie aus dem Bericht der Zuckerkandl hervorgeht:

«(Mein Mann Emil und ich) luden Rodin zu einer Wiener Jause in den Prater ein. Es war ein herrlicher Julitag. Die ganze Secession hatte sich versammelt. Klimt in strahlender Laune. Neben ihm Rodin, der die feschen Wiener Fiaker nicht genug bewundern konnte. Ich hatte im Freien decken lassen. Neben Klimt saßen zwei wunderschöne Frauen, die auch Rodin entzückten. Klimt hatte aus der Wienerin einen idealen Frauentypus geschaffen: die moderne Frau in knabenhafter Schlankheit. Er malte Frauen von rätselhaftem Reiz. Man kannte den Ausdruck «Vamp» noch nicht. Aber Klimt schuf den Typus einer Greta Garbo, einer Marlene Dietrich, lange ehe er Wirklichkeit wurde. Solche Frauen umschwärmten nun Rodin und Klimt. (Der Komponist) Alfred Grünfeld hatte sich in dem großen Saal, dessen Flügeltüren weit offen standen, ans Klavier gesetzt. Klimt schlich sich zu ihm. ‹Ich bitte, spielen'S uns Schubert!› Und Grünfeld, die Zigarre im Mund, träumte Schubert vor sich hin.

Da beugt sich Rodin zu Klimt hinüber. ‹So etwas wie bei Euch hier habe ich noch nie gefühlt. Ihre Beethoven-Freske, die so tragisch und selig ist; Eure tempelartige unvergeßliche Ausstellung und nun dieser Garten, diese Frauen, diese Musik! Und um Euch, in Euch diese frohe kindliche Freude. Was ist das nur?› Ich übersetzte Rodins Worte. Klimt neigte seinen schönen Petrus-Kopf und sagte nur ein Wort: ‹Österreich›.»

Diese allgemeine, dezent patriotische Aussage mag man aus heutiger Sicht ein wenig einengen und zugleich erweitern: Was Rodin begegnete, war der Charme des Wien um 1900 in idealer Ausprägung ... Den feuchtfröhlichen Ausklang des Sommertages, an dem man den Ehrengast unter anderem nach Schönbrunn und zu diversen Attraktionen des Praters führte, erlebte auch Ludwig Hevesi mit und fing nuancenreich die Atmosphäre ein:

«Der Tag neigte sich. Alfred Grünfeld saß am Flügel und spielte Rodin vor ... Und dann saß man wieder und studierte Farbenstimmungen. Vorne die elektrischen Lichter, hinten das resche Grün noch fast taghell. Die Köpfe machten Silhouetten von sonderbarer Ausgeschnittenheit, die Teints lösten sich in Farbenspiele auf, die man einem verruchten Secessionisten nicht so ohne weiteres durchgehen ließe. (...) Sacher hatte diesen Abend entschieden grüne Tischdecken. Glücklicherweise war der Champagner nicht bloß symbolisch. Es war gegen Mitternacht, als die letzten Gäste den Sacher-Garten verließen. Einige trieben sich aber noch längere Zeit im Prater herum und sahen sich die Nacht an. Klimt war nicht aus dem Prater herauszubringen.»

Wer sich die Nacht gern ansieht, macht sie eben zum Tage ... Als hingebungsvoller literarischer «Praterschreiber» galt wiederum Klimts Bekannter Peter Altenberg, dessen Geburtstag man im März 1909 ausgiebig begoss: «TIVOLI DIENSTAG trüb, unfreundlich 1° Wärme – schwaches Thauwetter – Heute weniger herrlich ausgeschlafen – gestern mit Peppo, Dr. Blei, Max Halbe, Peter Altenberg (50. Geburtstag) spät heimgetrieben! – wenig Sauerstoff ansonsten gesund! Stimmung etwas ‹sehr trübselig› – Allerherzlichste Grüße GUSTAV»

Ob der Besuch der Dichter aus Deutschland – Blei und Halbe – eigens zu diesem Festtag erfolgte, ist nicht bekannt, aber durchaus möglich an-

Klimt in der Meierei Tivoli bei Schönbrunn (1914).
Im Tivoli zelebrierte der Maler, der tagsüber kaum etwas zu sich nahm, stets ein reichliches Frühstück mit Kaffee, Gugelhupf und Schlagobers – oft in der Gesellschaft von Freunden, wie des Photographen Moritz Nähr oder seines Künstlerkollegen Egon Schiele.

gesichts des Rufes, den Altenberg genoss als Verfasser anmutiger Prosa-Miniaturen und Prototyp des Kaffeehaus-Literaten ... Womit wir bei einem ganz «centralen» Punkt angelangt sind!

Suchen wir uns also ein Marmortischchen im Eck, machen es uns auf dem Samtpolster der Wandbank kommod, nicken dem Ober zu, entlassen ihn mit einem «Wie immer, der Herr Doktor?!» ans Buffet und sehen ihn zurückkehren, behutsam ein Silbertablett balancierend, darauf der große Schwarze verheißungsvoll dampft und duftet neben dem obligatorischen Glas Wasser (drapiert mit dem Löffel zum Umrühren des Kaffees). Schieben wir den Teller mit dem schwarz-goldbraun leuchtenden Mohnkipferl noch einen Augenblick beiseite und entfalten kurz das Feuilleton der Wiener Kaffeehaus-Historie ...

Hierzu benötigen wir erst einmal den Kaffee selbst, der um 1670 nach Wien gelangt, und schon wenig später ist auch das Privileg dokumentiert, «Caffé in einem offenen Gewölb auszuschenken». Gegen 1780 bietet das «Kramersche Kaffeehaus» am Graben seinen Gästen erstmals eine breite Auswahl an Tageszeitungen: unabdingbare Voraussetzung für den Typus des Lokals, der sich nun herausbildet als Mekka der Lebenskünstler und Literaten – und der Spieler, denn Billard, Schach und Karten treten als Zerstreuung fast gleichberechtigt neben die Lektüre. Und natürlich das Tischgespräch! So präsentiert sich das Kaffeehaus im Urteil eines Zeitgenossen:

«Wie würden so manche Müßiggänger ihre Stunden alle aufreiben, (...) wie würde mancher Abenteurer sein Kostgeld erwerben, wie würde mancher arme Schlucker im Winter umsonst sich wärmen, wenn es keine Kaffeehäuser gäbe? (Deren Bestimmung) hat sich seit ihrer ersten Entstehung unendlich weiter ausgedehnt. Man trinkt nicht bloß Kaffee darin, man nimmt Tee, Schokolade, Punsch, Limonade, Mandelmilch, Weinschaumsoße, Gefrorenes usw. (...) Man studiert, man spielt, man plaudert, man schläft, negoziert, politisiert, schachert, wirbt, entwirft Intrigen, Komplotte, Lustpartien, liest Zeitungen und Journale.»

Hundert Jahre später ist diese relative Geschäftigkeit, wie der Schriftsteller Alfred Polgar in seiner Theorie des berühmten «Café Central» darlegte, einer glücklichen Sphäre zweckfreien Tuns (und Lassens) gewichen:

«Das Café Central ist (...) kein Caféhaus wie andere Caféhäuser, sondern eine Weltanschauung, und zwar eine, deren innerster Inhalt es ist, die Welt nicht anzuschauen. Zwecklosigkeit heiligt den Aufenthalt. (...)

Das Café Central liegt unterm wienerischen Breitengrad am Meridian der Einsamkeit. Seine Bewohner sind größtenteils Leute, deren Menschenfeindschaft so heftig ist wie ihr Verlangen nach Menschen, die allein sein wollen, aber dazu Gesellschaft brauchen.»

Ein anderes bekanntes Paradoxon zur Definition des Kaffeehauses lautet, hier sei man nicht zu Haus, aber auch nicht an der frischen Luft – was offenbar auch ein idealer Humus ist für Kreativität, anders lässt sich die permanente Präsenz von Künstlern, Musen und Mäzenen in diesem Bannkreis nicht erklären ... Mitte des 19. Jahrhunderts wechselten die bislang bei Kramer und in «Neuners Silbernem Kaffeehaus» in der Spiegelgasse residenten Literaten in das neu eröffnete «Café Griensteidl» am Michaelerplatz, später auch Zentrum der Wiener Décadence-Dichter, wie es Felix Salten festgehalten hat:

«Der Treffort für alle Jungwiener Literaten war das Café Griensteidl auf dem Michaelerplatz. Dorthin kam aus Brünn E. M. Kafka, ein reicher junger Mann, sehr gutartig, von allen literarischen Bestrebungen andau-

Dunkle Wandpaneele, ein von den eiligen Schritten der Ober strapaziertes Parkett, Marmortische und Thonet-Stühle – ein Wiener Kaffeehaus alten Schlages. Und gleichsam eine Raumflucht im Spiegel der Zeit(losigkeit).

ernd freudig bewegt, der sich durch die Herausgabe der Monatsschrift ‹Moderne Dichtung› in den Dienst des jugendlichen Strebens aller stellte. Hermann Bahr, eben aus Paris zurückgekehrt, gesellte sich zu uns. Er trug ganz die Tracht eines Montmartre-Menschen, Pepita-Beinkleider, Sakko aus braunem Samt und dazu den Zylinder. Er regte alle an und alles auf durch die Verwegenheit seines Geistes. (…) Einer seiner Artikel (…) schloß mit den Worten: ‹Wir wollen lieber unsere Weiber ins Grüne treiben.› Ja, das wollten wir gewiß, wenn auch manche von uns gar nicht wußten, woher sie Weiber nehmen sollten.

Richard Beer-Hofmann stieß eines Tages zu uns. Seine Kleidung war von einer exzessiven Eleganz, die immer etwas leise Herausforderndes hatte. Er trug jeden Tag eine andere stimmungsmäßig und raffiniert gewählte Knopflochblume. Er war (…) von einer hinreißenden Beredsamkeit. (…) Die Begeisterung von uns allen aber errang (…) der noch nicht sechzehnjährige Gymnasiast Hugo von Hofmannsthal.»

Hier sehen wir durchweg Schriftsteller versammelt, die für die Secessions-Zeitschrift «Ver Sacrum» tätig waren! Salten erinnert sich in der Folge an Spaziergänge mit Arthur Schnitzler in Mödling (wo auch Klimt sonntags gerne promenierte), allerdings ohne Weiber … Als den Jungwienern 1897 das Refugium des «Griensteidl» durch Abriss entzogen wurde, löste dies einen Skandal aus, von Karl Kraus mit dem Protest-Artikel «Die demolirte Litteratur» quittiert:

«Unsere Literatur sieht einer Periode der Obdachlosigkeit entgegen, der Faden der dichterischen Production wird grausam abgeschnitten. Zu Hause mögen sich Literaten auch fernerhin froher Geselligkeit hingeben, das Berufsleben, die Arbeit mit ihren vielfachen Nervositäten und Aufregungen spielte sich in jenem Kaffeehause ab, welches wie kein zweites geeignet schien, das literarische Verkehrszentrum zu repräsentieren.»

So singulär, wie der empörte Kraus es schildert, war das «Griensteidl» nun auch wiederum nicht: Im «Café Museum» etwa traf man die Redaktion des «Ver Sacrum», Kraus selbst war der Erste, der ins «Café Central» übersiedelte – also einfach in das nächste «Café Größenwahn»: So nannte der Volksmund die Künstler-Kaffeehäuser mit ihrer teils genialen, teils eben nur ambitionierten Klientel. Ein Phänomen, das keineswegs auf Wien beschränkt war: In München trug das «Café Stephanie» in der Amalienstraße diesen Spitznamen, in Berlin das «Romanische Café» am Kurfürstendamm. Nicht zu vergessen Paris, das mit Adressen wie

Taucht die Nachmittagssonne die Nischen in freundliches Licht, fließen die Gedanken so leicht aus der Feder wie einst den berühmten Kaffeehaus-Literaten.

Im Café Central, um 1900.

In einem idealen Restaurant werden nur gute Speisen serviert, die in drei bis fünf Stunden verdaut sind.

dem «Café de Flore», dem «Deux Magots» oder der «Closérie des Lilas» bis in die Zeit des Existenzialismus glänzte, also bis in die 1940er Jahre.

Die Blüteperiode der Wiener literarischen Kaffeehausgeselligkeit verkörpert in idealer Weise Klimts Generationsgefährte und Freund Peter Altenberg, der das (1878 etablierte) «Café Central» in der Herrengasse ab 1897 offiziell als Wohnsitz angab und sich seine Post dorthin schicken ließ! Heute hat der skurrile Kaffeehaus-Poet dort wieder einen Ehrenplatz als stummer Gast, wäre aber vermutlich wenig entzückt von den touristischen Besucherströmen, die die Klientel von einst abgelöst haben ... Die Atmosphäre, die er selbst maßgeblich mitprägte, wurde sukzessive ein Opfer der Zeitgeschichte: 1918 zogen die modernen Literaten um ins «Café Herrenhof», die Jahre 1938 und 1945 bildeten auf ihre Art einschneidende Zäsuren. Und wie sollte in der heutigen Massengesellschaft ein Mikrokosmos Platz haben, wo veritable wie selbst ernannte Genies und ihre Förderer eine gedeihliche, facettenfunkelnde Symbiose bilden? Käme Altenbergs Kollege Anton Kuh, ein mitreißender Stegreiferzähler und eleganter Schnorrer, nun zu ihm ins Café, säße er sicher auch wortlos am Tisch und spielte kopfschüttelnd mit seinem Monokel ...

Schauen wir dem Peter Altenberg (der eigentlich Richard Engländer hieß) daher lieber zu der Zeit ins Manuskript, als er noch neben dem Kaffee auch «Thee genüßlich seinem Organismus vermählt» und eine Utopie des idealen Restaurants entwirft, mit Namen «Pródromos» (griech. Vorläufer):

«Ein großer Raum, hellgrau getüncht, mit farbigen Porzellan-Vasen an den Wänden, in denen in Wasser frische Blumen sind, Spiegelscheibenfenster, in jedem ein kleiner, geräuschlos gehender Ventilator, über jedem der runden Tischchen eine elektrische Schirmlampe, grüne Seide, Miniatur-Ledersesselchen ... Für jedes Tischchen ein fünfteiliger Bambus-Matten-Wandschirm, so daß ein jedes oder auch zwei in ein separiertes Zimmerchen, das dennoch offen ist, verwandelt werden kann. In dem Speisesaale selbst, an der Wand, ein herrlicher, einfacher, weiter Eiskasten, in dem man durch Kristallwände alles sieht. Ferner ein ... Stahlkasten, mit vorne kristallenen Wänden, der, von unten erwärmt, unsichtbar die lauen und warmen ... Speisen enthält. Ferner ein dritter Stahlkasten für die untemperierten Speisen, wie harte Eier, Salzkeks, Birnen (Alexander-Butterbirne, Isenbart, die gute Luise), Camembert,

Gervais, Mondseer, Roquefort, Primsen, Gorgonzola (?). Es werden nur gute Speisen sein, die in drei bis fünf Stunden verdaut sind. Daher bei jeder Speise ein sogenannter Hygiene-Zuschlag von 50 Heller. Besonders begünstigt werden Kipfel-Erdäpfel, kalt, mit kalter, gesalzener und wenig gepfefferter Paradeis-Tunke, Majonnaise-Tunke, kalter Sardellen-Tunke usw. usw. Zu jedem Kristall-Schüsselchen ein ebensolches Schüsselchen Tunke.

Dann warm: Kipfel-Kartoffel, fett und angeröstet (gestürzt). Reis (Karolinenreis, prima) in allen kalten und warmen Zubereitungen, vor allem mit geriebenem Käse gekocht. Zu jeder Reis-Schüssel (tiefes Kristall-Schüsselchen) eine entsprechende Tunke ... Von Gemüsen, eigene Speise für sich selbst, nie Beilage: vor allem der fast heilige Spinat, Blumenkohl, Spargel, Erbsenpüree (kalt mit Zitronensaft bereitet), Linsenpüree (kalt mit Zitronensaft bereitet). Von Fleischspeisen ganz besonders begünstigt: ausgelöste (ohne Haut und Gräten) große Fischstücke in kalten oder warmen Tunken in tiefen Porzellanschüsselchen ... angerichtet.

Zu den hierzu besonders begünstigten Fischen gehören: vor allem der Zander, der Thunfisch, die Seezunge, der Seelachs, der Austernfisch. Rindfleisch wird, da es meistens nicht ganz mürbe ist, überhaupt nicht dargereicht. Hingegen ein leichtes, dünntunkiges Kalbsgulasch, aber vom Frikandeau, dem besten, mürbsten Teile, zu jeder Suppe in Karaffchen Knorrwürze oder Maggiwürze. Es sind Suppen zu begünstigen, die an Fleisch und Gemüse und Reis bereits eine ganze Mahlzeit darstellen. Zum Beispiel eine Paradeissuppe mit Kipfelkartoffeln in Scheibchen, Zander-Klößchen und Karfiol!

Auf einem breiten Holz-Postamente aus Mahagoni eine breite, gedrungene Uhr mit hellem Turmschlagwerk. Welcher geniale Mäzen und zugleich geniale Geschäftsmann stellt mir das Geld zur Verfügung zu meinem Speisehaus ‹Pródromos›?!?»

Ein wunderbares Mäandern zwischen Herzhaftem, Antizipationen der Nouvelle Cuisine und von Feinschmeckern verabscheuten Würzmitteln! Klimt hätte sich in diesem Lokal wohl fühlen können (bis auf die puristischen Hyperbeln) – ein Jammer, dass er keinen seiner Gönner dazu bewegte, Altenberg unter die Arme zu greifen. Jener sah seinerseits so manchen «Sonnenuntergang im Prater», beklagte aber das Widrige der Praterstraße im Sommer:

Peter Altenberg im Café Central (1907). Dieser Meister der kleinen Prosa schlief zwar nachts in Pensionen (wie dem Graben-Hotel), wohnte und schrieb jedoch im Kaffeehaus, dessen Besuch er auch seinen Mitmenschen anriet: «Du hast Sorgen, sei es diese, sei es jene – ins Kaffeehaus!» Das Café Central setzte dem ehemaligen Stammgast ein Denkmal – als stumme Gast-Skulptur hat er dort noch immer seinen eigenen Tisch.

«Ziemlich unglücklich fühlt man sich an Sommerabenden in der Hauptstadt. Wie zurückgesetzt. Wie übergangen. Zum Beispiel gehe ich abends durch die Praterstraße. Wie wenn ich und die Passanten bei der Lebensprüfung durchgefallen wären. (...) Acht Uhr abends. Wie lauter zugrundegehende Kaufläden an beiden Seiten. Pfirsiche neben Matjesheringen. Korbwaren. Seebadhüte. Schwarze Rettiche. (...) Als ob die Luft, wie in Parfümfabriken das Fett mit Veilchenduft, sich vollgesogen hätte mit Gerüchen von Erdäpfelsalat, Teer zwischen Granitpflaster, und mille-fleur de l'homme épuisé! Bogenlichter mit Ambitionen von Glühwürmchen in Sommernächten machen die Sache nicht besser. Ans Licht gebrachtes Sommerelend!»

Zwischen den Zeilen dieses Lamentos ist sie spürbar: die Sehnsucht nach der Sommerfrische, am Semmering vielleicht oder im Salzkammergut – an einem Ort jedenfalls, wo man (aus der Sicht eines Kaffeehaus-Dichters) nicht zu Haus ist, aber an der frischen Luft! Nicht weit von Altenbergs «Seelen-Heimats-Städtchen» Gmunden verbrachte auch Gustav Klimt zahlreiche Sommer in einer Atmosphäre, wie sie der Freund in dieser Vision beschwört:

«O kleiner See in Einsamkeiten; o Lichtungen mit dünnem Wiesengrunde, ... o Holunderstauden mit schwarzen Bockkäfern ... und alles ist erfüllt mit Lindenblüten! Weißes Segelleben in lackierten Jachten! Die Damen bekommen teint ambré. ... Wer siegt in der Regatta?! Risa, gib mir die Hand über den Steg. Mittage mit zehntausend Tonnen Sonnenhitze ... Nachmittage mit Aprikosen, Weichsel, Edel-Stachelbeeren; Abende wie eingekühlter Gießhübler (ein Mineralwasser aus der gleichnamigen Ortschaft bei Karlsbad)...»

Kehraus im ältesten Beisl Wiens: Sind die Gäste schon in der Sommerfrische?

Griechenbeisl

LIPTAUER KÄSE

Ein typisches Gericht vom Heurigenbuffet, dem bayerischen «O'batzdn» vergleichbar, der im Biergarten nicht fehlen darf. Soll es ganz authentisch sein, nimmt man statt des Topfens Brimsen (oder Primsen), einen slowakischen Schafskäse.

Topfen über Nacht im Kühlschrank gründlich abtropfen lassen (in ein Küchentuch gepresst über einem Sieb.
Den abgetropften Topfen mit dem Holzlöffel durch das Sieb streichen. Die Butter ebenfalls mit einem Holzlöffel schaumig schlagen und den passierten Topfen, Paprikapulver, eine reichliche Prise Pfeffer, Salz, Kümmel, Senf, Kapern, Zwiebelwürfel und die saure Sahne darunter mischen. Das Ganze sollte so lange kräftig mit dem Holzlöffel oder mit dem Mixer auf mittlerer Geschwindigkeit bearbeitet werden, bis eine ganz glatte Masse entstanden ist.

Als Brotaufstrich: Den angemachten Käse zu einem kleinen Berg formen, der mit Schnittlauch garniert wird. Man kann ihn aber auch in Form eines Balles auftragen, den man in Schnittlauch gerollt hat. Beide Varianten legt man vor dem Servieren zum Festwerden mindestens 2 Stunden in den Kühlschrank.

Als Sauce (Dip): In die fertige Käsemasse zusätzlich $^1/_4$ Tasse saure Sahne einrühren und die Oberfläche mit Schnittlauch bestreuen. Diese Sauce passt gut zu Fleischfondue oder kaltem Braten.

250 g österreichischer Topfen (Quark)
125 g weiche Butter
1 EL ungarischer Delikatess- oder Edelsüßpaprika
frisch gemahlener schwarzer Pfeffer
$^1/_2$ TL Salz
2 TL Kümmel gemahlen
1 TL Senf
1 TL Kapern, fein gehackt
1 EL Zwiebeln, fein geschnitten
$^1/_8$ l saure Sahne (plus $^1/_4$ Tasse, wenn man eine Sauce wünscht)
3 EL Schnittlauch, fein geschnitten

ERDÄPFELSUPPE

Was wäre Wien (und der Rest Europas) ohne die hier erst seit zwei Jahrhunderten wirklich heimische Kartoffel? Kein Erdäpfelsalat, kein Erdäpfelschmarrn, keine Erdäpfelsuppe – als eigene kleine Mahlzeit oder Entrée zu Kalbsbries und Rostbraten, einem Mohr im Hemd als Abschluss (s. S. 166, 167 und 172) und noch einem kleinen Schwarzen als Digestif?

(4 Portionen)
50 g Selchspeck (gekochter Bauchspeck)
40 g Fett
1 kleine Zwiebel
Wurzelwerk (1 Stück Sellerie, 1 Karotte, 1 Petersilienwurzel, 1 Stange Lauch)
20 g Weizenmehl
300 g rohe Erdäpfel (Kartoffeln), kleinwürfelig geschnitten (fest kochende Sorte)
1 $^{1}/_{2}$ l Kalbsfond oder helle Rinderbrühe
einige getrocknete, in Wasser eingeweichte Pilze
etwas abgeriebene Schale von 1 unbehandelten Zitrone
Salz, frisch gemahlener Pfeffer
etwas Kümmel, Majoran
3–4 EL Sauerrahm
Petersilie oder Selleriegrün, fein geschnitten

In einem großen Topf den in kleine Würfel geschnittenen Selchspeck in heißem Fett auslassen, darin die Zwiebelwürfel und das würfelig geschnittene Wurzelwerk anrösten. Mit Weizenmehl bestäuben und mit der Brühe aufgießen. Geriebene Zitronenschale, Salz, Pfeffer, Kümmel, Majoran hinzufügen, ebenso Pilze und Kartoffelwürfel, und alles weich kochen. Nach Belieben mit Salz und Pfeffer nachwürzen.

Die Suppe mit etwas Sauerrahm verfeinern und nicht mehr kochen lassen.

Mit geschnittener Petersilie oder Selleriegrün bestreut servieren.

PAPRIKAHUHN MIT NOCKERLN

(4 Portionen)

Für das Paprikahuhn:
1 großes Brathuhn (Poularde), etwa 1,4 kg
Salz
40 g Butter
150 g Zwiebeln, fein geschnitten
1 Knoblauchzehe, fein geschnitten
(nach Belieben je $^1/_2$ rote und $^1/_2$ grüne Paprikaschote sowie einige Streifen zum Garnieren)
20 g Edelsüßpaprika
$^1/_4$ l Hühnerbouillon oder Wasser
abgeriebene Schale von 1 unbehandelten Zitrone
Paradeisermark (Tomatenmark) oder 1 Paradeiser (Tomate), klein geschnitten
$^1/_8$ l Sauerrahm
20 g Weizenmehl

Für die Nockerln:
300 g Weizenmehl
60 g zerlassene Butter
2 ganze Eier
Salz
ca. $^1/_8$ l Milch
etwas Butter zum Schwenken

Für das Paprikahuhn: Das bratfertige Huhn vierteln, salzen und in heißer Butter beidseitig goldgelb anbraten. Anschließend warm stellen.
Im Bratfond Zwiebeln und Knoblauch goldbraun rösten. (Geschmacklich verbessert man das Gericht, wenn $^1/_2$ grüne, in Streifen geschnittene Paprikaschote am Schluss mitgebraten wird.) Die Pfanne kurz vom Feuer nehmen, das Paprikapulver vorsichtig einrühren und mit $^1/_4$ l Hühnerbouillon aufgießen, etwas Paradeisermark oder klein geschnittene Tomate beigeben und aufkochen lassen. Mit Salz und Zitronenschale würzen.
Die Geflügelteile in diese Flüssigkeit (Fond) geben und bei schwacher Hitze zugedeckt etwa $^1/_2$ Stunde köcheln lassen, bis das Fleisch weich ist. Dann die Stücke in ein frisches Bratgeschirr legen.
In der Zwischenzeit den Sauerrahm, etwas Wasser und Weizenmehl mit dem Schneebesen verquirlen, in den Fond einrühren und dickflüssig einkochen lassen. Dabei öfter umrühren und schließlich die Flüssigkeit über die Geflügelteile passieren. Alles noch einige Minuten ziehen lassen.
Für die Nockerln: Weizenmehl, Butter, Eier und Salz in einen Topf geben und mit der Milch gut verrühren. Von der Geflügelflüssigkeit so viel dazugießen, dass ein nicht zu fester Teig entsteht, den man kurz durcharbeitet und möglichst sofort kocht. Man darf ihn nicht zu lange schlagen, doch auch nicht zu lange stehen lassen, da sonst das Mehl verkleistert. Von dieser Teigmasse mit einem nassen Teelöffel kleine Nockerln (längliche Klößchen) ausstechen und in das kochende Salzwasser geben. (Man kann die Masse auch durch ein Nockerlsieb bzw. ein umgekehrtes grobes Reibeisen ins Salzwasser drücken oder mit einem Messerrücken kleine Nockerlportionen vom Nockerlbrett ins Salzwasser stechen.) Die Nockerln ein paar Minuten flott kochen lassen, anschließend auf ein Sieb schütten, mit kaltem Wasser abspülen und in heißer Butter schwenken; nochmals leicht salzen.

Das Paprikahuhn vor dem Anrichten mit Sauerrahm und grünen Paprikastreifen garnieren. Mit den Nockerln und grünem Salat servieren.

FIAKERGULASCH

Ein Gabelfrühstück par excellence, wie das Salonbeuschel (s. S. 124)! Als Gast im Wiener Kaffeehaus erhält man das Würstl dazu sternförmig aufgeschnitten – Ästheten nördlich der Alpen mögen die abgebildete Version bevorzugen.

(5–6 Portionen)
Für das Saftgulasch:
800 g weiße Zwiebeln, blättrig geschnitten
150 g Schweineschmalz
40–50 g Edelsüß- oder Delikatesspaprika
1 Spritzer Essig, in $^1/_{16}$ l Wasser aufgelöst
1 kg dickblättrig geschnittener Wadschinken (untere Rindskeule), in Würfel geschnitten
Salz
je 1 schwacher TL Majoran und gehackter Kümmel
2 Knoblauchzehen, fein geschnitten
(nach Belieben 1 EL Paradeiser-Tomatenmark)

Für das Saftgulasch: Die Zwiebeln in sehr heißem Schweineschmalz goldgelb (nicht zu hell) rösten, dabei ständig mit dem Kochlöffel umwenden. Mit Paprika bestäuben, kurz durchrühren und sofort mit Essig und Wasser ablöschen. Kurz weiterdünsten lassen, das Fleisch beigeben und etwas salzen. Majoran sowie Kümmel und Knoblauch hinzufügen (nach Wunsch auch etwas Paradeisermark) und alles halb zugedeckt im eigenen Saft vor sich hin schmoren lassen. Dabei sollte der Saft mehrmals reduziert und jedes Mal mit ein wenig Wasser aufgegossen werden: Nimmt man nämlich von vornherein viel Wasser, gerät das Fleisch ins Kochen – was es nicht darf! Nur wenn es leicht dünstet, bildet sich der braune, gehaltvolle Sud von satter Farbe, den man am Wiener Saftgulasch so schätzt! Außerdem «verkochen» nur auf diese Weise die Zwiebeln zur Gänze und verleihen so dem Ganzen die nötige Bindung. Ist das Fleisch kernig-weich geworden, fügt man so viel Wasser hinzu, dass es von der Flüssigkeit eben bedeckt ist. Dann lässt man das Gulasch nochmals etwa 10 Minuten sehr gelinde kochen, bis das rotbraun gefärbte Fett teilweise an die Oberflüche steigt und der Saft seine «mollige» Konsistenz gewinnt. Als Beilage eignen sich gekochte Erdäpfel (Kartoffeln), bei kleinen Zwischenmahlzeiten reicht etwas Brot.

Für die Garnitur:
1 Spiegelei
1 Wiener Würstel
1 Gewürzgurke, fächerförmig aufgeschnitten

Erst eine bestimmte Garnitur macht indes das Gulasch zum «Fiakergulasch»: Man serviert es im Suppentöpfchen, oben belegt mit einem sternförmig aufgeschnittenen Wiener Würstel, dazu ein Fächergurkerl sowie ein Spiegelei – ideale Kraftnahrung für Pferdedroschkenlenker und zudem ein klassisches Kaffeehausgericht!

MOHR IM HEMD

In Wien gart man gerne Speisen im Wasserbad. Ein solches «Dunstkoch» kann süß sein (Vanillepudding, Schokoladepudding) oder herzhaft und als Einlage in die Suppe wandern, etwa in Form von Grießdunstkoch oder Erdäpfeldunstkoch.

(6 Portionen)
Für den Pudding:
90 g Butter
40 g Staubzucker (Puderzucker)
3 Eidotter
60 g Schokolade
1 $^1/_2$ altbackene Semmeln, entrindetet, in Milch eingeweicht, ausgedrückt und passiert
60 g geriebene Haselnüsse
50 g Semmelbrösel
3 Eiweiß, zu steifem Schnee geschlagen
50 g Kristallzucker
Butter und Puderzucker für die Puddingformen

Für die Schokoladensauce:
250 g Schokolade, gerieben
200 g Zucker, $^1/_4$ l Wasser
(nach Belieben $^1/_2$ Glas Cognac zum Aromatisieren)

Für den Pudding: Butter und Zucker schaumig rühren, mit den Eidottern, der geschmolzenen und überkühlten Schokolade, den passierten Semmeln, den Nüssen und Bröseln vermischen. Zum Schluss den mit Kristallzucker gesüßten geschlagenen Eischnee darunter ziehen.
Den Teig in eine mit Butter eingefettete, mit Puderzucker bestäubte Puddingform dreiviertelhoch einfüllen, im Wasserbad halb zugedeckt etwa 35 Minuten auf kleiner Flamme kochen. Währenddessen die Schokoladensauce zubereiten.
Für die Schokoladensauce: Sämtliche Zutaten miteinander aufkochen, gut verrühren, so dass sich eine saucenartige Konsistenz ergibt, und etwas reduzieren (etwa 5 Minuten). Nach Wunsch die Schokoladesauce mit einem Schuss Cognac verfeinern.

Man kann die Sauce sofort heiß servieren oder zunächst kalt stellen. Eventuell mit etwas Obers verfeinern. Den Pudding beim Anrichten mit der Schokoladesauce überziehen und an der Seite mit geschlagenem Obers garnieren.

DOBOSTORTE

Das Rezept des ungarischen Zuckerbäckers Lajos Dobos war bereits um 1895 ein Renner in den Wiener Kaffeehäusern und Konditoreien, auch in der Version mit Schokoladenbuttercreme.

Für den Teig: Das Eiweiß zu einem steifen Schnee schlagen. Eigelb und Zucker schaumig rühren, das Weizenmehl dazugeben und zum Schluss den steifen Eischnee vorsichtig unterziehen. Von dieser Masse auf einem gut gefetteten Blech fünf oder sechs dünne Tortenböden bei Mittelhitze hell backen. Noch heiß, vorsichtig vom Blech lösen (Vorsicht: Sie brechen leicht!) und auf gleiche Größe zurechtschneiden.
Für die Fülle: Die Eier mit der Hälfte des Zuckers in einer Schüssel im Wasserbad zu einer dicklichen Masse schlagen. Die Butter mit dem restlichen Zucker schaumig rühren. Haselnüsse darunter heben. Mit der völlig ausgekühlten Creme die Tortenböden zusammensetzen.
Für die Glasur: Zucker und Wasser kochen, bis die Masse durch längeres Stehen auf dem Herd zu karamellisieren beginnt. Anschließend sofort über die Torte ziehen.

Für den Teig:
5 Eier, getrennt in Dotter und Eiweiß
100 g Zucker
125 g Weizenmehl, gesiebt
Butter zum Einfetten des Backblechs

Für die Fülle:
5 ganze Eier
140 g Zucker
140 g Butter
80 g geröstete, geriebene Haselnüsse

Für die Glasur:
250 g Zucker
$^{1}/_{8}$ l Wasser

EISCAFÉ IMPERIAL

So vornehm kredenzte Chef-Patissier Franz Müller den Eiskaffee seinerzeit im illustren Hotel Imperial. Wem dieses Rezept, niedergelegt im Wiener Kochkunstkalender auf das Jahr 1914, in unseren kalorienängstlichen Zeiten zu üppig erscheint, der bereitet ihn in klassischer Manier: mit starkem gekühlten Mokka, einigen Kugeln guten Vanilleeises und frisch geschlagener Sahne. Auch in diesem Fall verleihen die Hohlhippen der Erfrischung die elegante Note (und die Blume die poetische).

(2 Portionen)

$^{1}/_{4}$ l Schlagobers (Schlagsahne)

ausgekratztes Mark von $^{1}/_{2}$ Vanilleschote

50 g beste Mokkabohnen, frisch geröstet

4 Eigelb

100 g Puderzucker

10 g Stärkemehl

Schlagrahm mit Vanilleschote aufkochen. Mit den in der Pfanne frisch gerösteten Mokkabohnen verrühren. Mit dem Stärkemehl abbinden. Die Mischung eine knappe $^{1}/_{2}$ Stunde ruhen lassen und abseihen.

Eigelb und Puderzucker schaumig schlagen und zur Mokkasahne hinzugeben. Im Wasserbad bei geringster Hitze zu dicklicher, cremiger Konsistenz rühren. Warme Creme in hohe Gläser füllen und gut durchkühlen lassen.

Servieren, dekoriert mit einem Häubchen Schlagobers und Hohlhippen.

SOMMERFRISCHE

VORHERGEHENDE DOPPELSEITE:
Blick über den Attersee auf Schloss Kammer.

GEGENÜBER:
Emilie Flöges Badekleid im Stil der Wiener Werkstätte, vom Seewind gefächelt, am Bootshaus der Villa Paulick.

UNTEN:
Klimt und Gertrude Flöge (Ostern 1912). Heiteres Spiel des großen Malers mit der kleinen Tochter von Hermann und Therese Flöge (geb. Paulick).

Wien an einem Hochsommertag, vor rund hundert Jahren: Unbarmherzig brennt die Sonne hernieder, Hitze und Straßenstaub legen sich auf Atem und Gemüt. Matt, durstig dösen Fiakerlenker und Pferde im Halbschatten, warten auch abends oft vergeblich auf Kundschaft, denn man kann nicht einmal zur Erheiterung ins Theater oder in die Oper gehen – Saison vorüber, erst Ende September wieder Spielzeit. Die meisten Bekannten weilen längst in Italien oder irgendwo auf dem Land, und «ein Gewitter wäre Erquickung»: So empfindet es auch Gustav Klimt, zuvor über «Staub und Hitze» klagend, am 17. Juli 1912, und bekundet «starken Trieb nach dem Lande». Die beneidenswerte Emilie, die sich dort schon aufhält, bekommt an diesem Hundstag gleich drei Karten aus dem Wiener Atelier, wo der Gefährte nur schleppend Fortschritte am Lebensbaum des «Stoclet-Frieses» zustande bringt. Am Folgetag meldet er morgens «wenig (Sehnsucht) nach der Werkstatt», doch es müsse halt gehen, und später heißt es:

«Habe Deinen lieben Brief erhalten – es ist «gscheidt» daß alles dort schön ist und ich bin froh daß es Dir so gefällt – Hier ist es mit Ausnahme des Morgens fad und öd und heiß ...»

Am liebsten käme er, spürt man, unverzüglich nach ... Er «trottle hier in Wien ziemlich blöd herum» und habe «so viel zu thun», dass ihm «gruselt», aber am Vormittag des 29. Juli ergeht endlich das Avis: «Fahre heute 12.45 ab.» Seit Jahren schon verbringt Klimt den Sommerurlaub mit den Flöges: 1897 in Fieberbrunn in Tirol, 1898 in St. Agatha bei Bad Goisern, 1899 in Golling südlich von Salzburg; ab dem folgenden Jahr geht es regelmäßig an den Attersee im Salzkammergut, erst 1917 entschließt man sich wieder für Tirol und fährt nach Mayrhofen, in die letzte gemeinsame Sommerfrische.

Sommerfrische: Etwas sympathisch Antiquiertes strahlt das Wort heutzutage aus, in der Ära des Massentourismus. Es weckt Assoziationen an verwunschene, von hohen Bäumen überschattete kleine Villen, auf deren Terrasse man gemütlich speist, während unten am Wasser eine Dame im Liegestuhl nachlässig in ihrem maroquingebundenen Roman blättert und vielleicht gerade die Räder einer Kutsche auf dem Kiesweg knirschen: neue, von der Reise leicht derangierte Gäste.

Und abends sitzt man wieder beisammen, berauscht sich in heiterer Runde am schweren Duft des Jasmins, einigen Bouteillen Weines oder einem köstlichen Saft von Früchten des Hausgartens ... Die Weiblich-

Blaue Stunde mit rotem Wein – genüsslicher Ausklang eines Urlaubstages am Bootssteg der Villa Paulick.

keit verscheucht mit eleganter Fächergebärde die Mücken und zieht sich beizeiten zurück, die Herren nesteln nur kurz an ihrer Taschenuhr und genießen lieber noch eine Weile die milde, kühle Nachtluft, vermischt mit dem Aroma ihrer Zigarren. – Ebensogut lässt sich eine lichtüberflutete Strandpromenade denken, wo grazile Wesen in langen weißen Kleidern lustwandeln, trotzig ihre Sonnenschirmchen gegen die Brise stemmend und ihr Geplauder gegen das Geräusch der Brandung – wie auf gemalten Impressionen von Trouville oder anderen vornehmen Seebädern.

Unerheblich, ob man sich bei solchen Vorstellungen anregen lässt von Schnitzler, Proust oder lieber Monet: Alles atmet Leichtigkeit und Gelassenheit, verbindet entspannten Naturgenuss mit geselliger Zerstreuung – im Lebensrhythmus einer Epoche, die weder übervölkerte Strände kannte noch den obligatorischen Stau Richtung Süden bei Ferienbeginn. Die Sommerfrische war eine Erfindung des 19. Jahrhunderts: temporäre Landflucht aus den von Bevölkerungsexplosion und Industrialisierung geplagten Städten. Auch die Landschaftsmalerei, seit der Romantik

Baum, Busch und Berg nicht lediglich als dekorative Staffage schätzend, sondern um ihrer selbst willen, sensibilisierte die Zeitgenossen für die Schönheit der Natur, und die Medizin propagierte den therapeutischen Nutzen der Heilbäder … Schon in der Goethezeit begannen sogar gekrönte Häupter etwa nach Karlsbad zu pilgern, Kaiser Franz Joseph brachte es später auf sechzig Sommer in Bad Ischl. Wo Majestäten kurten, blieben adlige Entourage und Zaungäste natürlich nicht fern, und wo zuvor beschaulich eine Solquelle plätscherte, entstanden mondäne Bäder mit allem Komfort, Kaffeehäusern und Klatsch.

Wie eh und je tat der Finanzadel es dem Geburtsadel nach und zog für den Sommer mit Sack und Pack entweder ins eigene Landhaus, meist aber in eine gemietete «Sommerfrische» – die Herren blieben gewöhnlich der Geschäfte wegen in der Stadt und besuchten die Familie nur am Wochenende. Um 1900 konnten sich bereits auch weniger Privilegierte einen Urlaub leisten und, bedingt durch den Ausbau des Eisenbahnnetzes, fern vom Heimatort erholen: Aus Wiener Perspektive rückten so etwa Semmering und Salzkammergut in passable Nähe und wurden gerade in Künstlerkreisen äußerst beliebt, man denke an die Lobeshymnen Peter Altenbergs oder an Gustav Mahler, der sich ein Komponierhäusl errichten ließ bei Steinbach am Attersee.

Heute würde ihn dort vermutlich das Geknatter der Windsurfersegel enervieren: Das ehemals beschauliche Gewässer, einen Rösslsprung entfernt vom postkartenidyllischen Wolfgangsee, ist längst zum Wassersport-Eldorado mit Autobahnanschluss mutiert. Der landschaftlichen Schönheit hat das gottlob wenig anhaben können, von den dramatisch aufragenden Hängen des Schafberges und Höllengebirges im Süden bis zu den sanfteren Konturen des nördlichen Ufers bei Seewalchen. Dort nahm allerdings die Betriebsamkeit auch vor hundert Jahren schon solche Formen an, dass Klimt und seine Damen – Emilie mit Mutter Barbara, Schwester Helene und deren Tochter – einen Quartierwechsel vollzogen: Nach Aufenthalten in Litzlberg (1900–1907) und Kammerl (1908–1912) richteten sie sich ab 1914 häuslich im abgeschiedeneren Weißenbach ein. «Häuslich einrichten» ist durchaus wörtlich zu nehmen – sechs Wochen dauerte im Schnitt die Sommerfrische, was die Mitnahme voluminösen Gepäcks bedeutete; bei Klimt kamen zum «Hauskoffer» außerdem «Malschatulle», Leinwände und dergleichen! Einmal angekommen, war man «für alle Eventualitäten gerüstet» …

Klimt mit Freunden auf dem Gahberg beim Attersee (1908). Von links: Emilie Flöge, Hermann Flöge, Helene Klimt und Freunde, Gustav Klimt (mit dem Rücken zur Kamera). Im Sommer dieses Jahres wohnten Klimt und seine Entourage erstmals in der Villa Oleander in Kammerl. Während die Flöges bereits Anfang Juli vorausreisten, kam der Maler Mitte des Monats nach und blieb bis in den September.

Gustav und Emilie im Ruderboot beim Bootshaus der Villa Paulick (1909). Ein heiterer Urlaubsschnappschuss par excellence und zudem eine kleine Modenschau: Entspannt lächelnd «posiert» Emilie in einem legeren geblümten Kimonokleid – während ihr Gefährte seinen (fast) unentbehrlichen Kittel trägt.

Erstes Quartier des Klimt-Flöge-Clans war der Pensionstrakt des Brauhofs «Litzlberg», nahe dem beliebten Ausflugslokal «Litzlberg-Keller» am Nordwestufer. (Das Wasserschloss Litzlberg erwarb übrigens 1916 Klimts Wiener Bekannter Erwin Böhler.) Nachfolgend diente fünf Sommer lang die gegenüber in Kammerl gelegene Villa Oleander (um 1880 erbaut von der Gräfin Khevenhüller, letzter Besitzerin von Schloss Kammer) als Logis – wobei der Name mehr Vornehmheit suggeriert, als das preiswerte Domizil in Wahrheit bot; hübsch angelegt war indes der Garten, eine aparte Kulisse für stimmungsvolle «Ferienphotos» (s. S. 207). 1914 traten Klimt und die Flöges den Rückzug in das ruhige Weißenbach ganz im Süden an: die Damen in die Villa Brauner, der Maler noch ein Stück weiter abseits in ein altes Forsthaus.

Unterbrochen wurde die Tradition der Attersee-Sommerfrische nur im Jahre 1913, als man im Juli erst drei Wochen nach Bad Gastein (heute: Badgastein) fuhr und anschließend bis Mitte September an den Gardasee. Auf der Rückreise gab es einen Kurzaufenthalt in Seewalchen, wohin Klimt schon von Italien eine gut gelaunte Karte gesandt hatte:

«Tremosine 31. VII. 1913 – Bei Schönwetter und voll des süssen Weines (und Risotto) herzlichste Grüße GUSTAV KLIMT.»

Empfängerin ist Emma Teschner in der Villa Paulick an der Seepromenade 12, eine bestens vertraute Adresse! Erstens war Emilie Flöges Bruder Hermann Ehegatte einer Tochter des Hauses, Therese Paulicks, und später heiratete Klimts Freund und Fechtpartner Paul Bacher, seines Zeichens Gold- und Silberwarenfabrikant in Wien, Thereses Schwester Emma, die nach dessen frühem Tod wiederum den Maler Richard Teschner ehelichte ... Kurzum: Die Villa Paulick, für Klimt und Emilie sogar oft Zwischenstation auf Reisen nach München oder Paris, war Schauplatz reger «familiärer» Künstlergeselligkeit, und in ihr Gästebuch trugen sich etwa auch Carl Moll, Otto Prutscher und Oskar Kokoschka ein. Von Litzlberg aus, wo Klimt die ersten Sommer residierte, war das Anwesen zudem bequem per Ruderboot erreichbar ...

Rudern und Schwimmen gehörten am Attersee zu Klimts Tagesprogramm, wie er es Mizzi Zimmermann im August 1903 detailliert schildert:

«Du willst eine Art Stundenplan wissen – die Tageseintheilung – nun die ist wol sehr einfach und ziemlich regelmäßig. Frühmorgens, meist um 6 Uhr, ein wenig früher, ein wenig später – steh' ich auf – ist das Wetter schön, geh ich in den nahen Wald – ich male dort einen kleinen

Buchenwald (bei Sonne) mit einigen Nadelbäumen untermischt, das dauert bis acht Uhr, da wird gefrühstückt, darnach kommt ein Seebad, mit aller Vorsicht genommen – hierauf wieder ein wenig malen, bei Sonnenschein ein Seebild, bei trübem Wetter eine Landschaft vom Fenster meines Zimmers – manchesmal unterbleibt dieses Vormittägige malen, statt dessen studiere ich in meinen japanischen Büchern – im Freien. So wird's Mittag, nach dem Essen kommt ein kleines Schläfchen oder Lektüre – bis zur Jause – vor oder nach der Jause ein zweites Seebad, nicht regelmäßig aber meistens. Nach der Jause kommt wieder die Malerei, – eine große Pappel in der Abenddämmerung bei Aufsteigendem Gewitter – hie und da kommt statt dieser Abendmalerei eine kleine Kegelpartie in einem benachbarten kleinen Orte – jedoch selten – es kommt die Dämmerung – das Nachtmahl – dann zeitlich zu Bette und wieder zeitlich morgens heraus aus den Federn. Ab und zu ist dieser Tagestheilung noch ein kleines Rudern eingeschaltet (,) um die Muskeln ein wenig aufzurütteln.

Die Villa Paulick vom Bootssteg aus gesehen.

In dieser erwähnten Art läuft Tag für Tag (,) schon sind zwei Wochen passe (,) die kleinere Hälfte des Urlaubs ist vorüber (,) man geht dann wieder ganz gern nach Wien. ... Das Wetter ist hier sehr unregelmäßig – gar nicht heiß und oft durch Regen unterbrochen – ich bin mit meiner Arbeit für alle Eventualitäten gerüstet, welche Thatsache sehr angenehm ist. Und nun liebe Mizzi nehme ich Abschied mit den herzlichsten Grüßen und Küssen von Dir und Deiner kleinen unfolgsamen Armee – Leb' wohl Guss.»

Kam es nicht aufs Muskeltraining an, benutzte Klimt gerne das Motorboot seines Freundes Bacher, der hier als einer der ersten eines besaß – und in seiner Gattin Emma eine begeisterte Kapitänin! Das im Brief erwähnte launische Wetter hatte im Übrigen für Bootssportler seine Tücken, vor allem, wenn noch Leichtsinn hinzutrat: «Lese soeben daß bei Attersee zwei Kellner ertrunken sind – achtgeben! Man soll jedem der im Kahn blöde Witze macht das Ruder am Schädel hau'n!», meldet Klimt als grimmigen Kommentar zur Morgenzeitung an Emilie während einer Schlechtwetterperiode im Juli 1912 und fragt gleich nach: «Hast wieder Angst vor Anschwemmungen?» Auch die Badefreuden waren also zuweilen gefährlich, weshalb der Besorgte bei anderer Gelegenheit von Wien aus warnt: «VORSICHT BEIM BADEN».

Sicher fühlen konnten sich Künstler und Muse hingegen bei den Dingen, mit denen sie hier sonst den Tag verbrachten: Wandern, Faulenzen, Kegeln, Picknick ... Dies alles im legeren Gewand – die eingangs für die Sommerfrische phantasierten weißen Roben können wir bei Emilie durch Reformkleider ersetzen, oft selbst geschneidert aus farbenfrohen Stoffen der Wiener Werkstätte, und ihr Gefährte trug natürlich, außer bei festlicheren Anlässen, seinen Malerkittel! Mit deren Reinigung oder Wechsel er es anscheinend nicht so genau nahm, jedenfalls schreibt Bacher einmal an Hermann Flöge in Wien: «Klimt soll nur öfter seine Kutten waschen.» Wobei ein paar malerische Farbflecke auf dem Malerkittel doch allemal verzeihlich sind – schließlich war Klimt nicht wochenlang untätig, sondern halste sich (nolens oder volens) meist ein stattliches Arbeitsprogramm auf. So heißt es im Juli 1900 in einem Brief an Mizzi:

«Ich habe hier 5 Bilder in Arbeit eine sechste Leinwand ist noch leer, vielleicht bringe ich dieselbe auch leer zu Hause. Die anderen 5 gedenke ich vollenden zu können. Ein Seebild, ein Stier im Stall, ein Sumpf, eine

OBEN:
Gustav und Emilie auf einem Bootssteg in Litzlberg, im Ruderboot Friedrich Paulick (1904). In diesem betriebsamen Ort am Nordwestufer verbrachten Klimt und die Flöges 1900 bis 1907 ihre Sommerfrische.

GEGENÜBER:
Emilie, Gustav und Freunde am Attersee (vermutlich 1903).

GEGENÜBER:
Oberösterreichisches Bauernhaus (Öl auf Leinwand, 1911, Österreichische Galerie Belvedere, Wien).
Neben Impressionen des Attersees und Ansichten von Schloss Kammer malte Klimt in der Sommerfrische auch Gartenbilder wie diese Ansicht eines Holzhauses mit bunter Blumenwiese, umfangen vom Grün, Braun und Graublau des mächtigen Baumes im Vordergrund.

UNTEN:
Helene Klimt, Gustav Klimt und Emilie Flöge in Weißenbach am Attersee (1914). In diesem Jahr wechselte der Clan nach Weißenbach, an den ruhigen Südteil des Sees. Klimt bezog obendrein ein eigenes, ganz abgeschiedenes Quartier in einem Forsthaus.

große Pappel, ferner junge Birken; das sind die Motive der Bilder. Meine Arbeitslust hat mit dem Fortschreiten der Arbeit leider schon bedenklich abgenommen.»

In der Regel schaffte er das angestrebte Pensum fast und kehrte mit diversen vollendeten Bildern und selbstverständlich zahllosen Skizzen zurück. Am Attersee entstehen einige der schönsten Landschaftsgemälde Klimts: Ansichten von Schloss Kammer, Bauerngärten, Impressionen des Sees und daran gelegener Örtlichkeiten – insgesamt an 50 Bilder.

Mangelte es an Kreativität und enttäuschte das Wetter, vermochte er sich immer noch damit zu trösten, dass er etwas für seine Gesundheit tat: viel körperliche Ertüchtigung, ein wenig Diät, gute Luft! So auch ein Ratschlag an Emilie, am Ende einer Karte aus Wien, die schon ganz von Vorfreude bestimmt ist:

«TIVOLI Ein kühler sonniger Sonntagsmorgen – frisch weht der Wind – prachtvoll für baden – ich muß in die Werkstatt – ein wenig «Vor»ordnung machen. Besten Gruß Gustav. Luftschlürfen!!»

Luftschlürfen! Das «Anfangsgewichterl» prüfen! Obacht beim Baden! Und in Maßen arbeiten! Dann sah das Ergebnis wohl ungefähr aus, wie er es September 1911 seiner Mutter ankündigt:

«Ich komme Samstag halb zehn Uhr nach Hause. Es ist jetzt prachtvolles Wetter – mit meinen Arbeiten bin ich leider nicht fertig geworden – ich gehe recht unzufrieden heim. Ich wollte doppelt so viel machen. Mein Gewicht habe ich behalten. Nachtmahl brauchst Du nicht zu richten. Auf fröhliches Wiedersehen Gustav.»

Ein andermal legt er Wert aufs Abendessen («Bissl Nachtmahl wäre nicht schlecht»), doch das ist ja nicht zwangsläufig eine Frage des Idealgewichts. Eine Rolle mag dabei auch der Abschiedsschmerz spielen: Während Klimt in den ersten Jahren gewöhnlich zusammen mit den Flöges aufbricht und wiederkehrt, bleibt er später mit Rücksicht auf seine Arbeit immer noch eine Weile in Wien, etwas mit der Situation hadernd und begierig nach Neuigkeiten. Als die Damen Anfang Juli 1907 vorausreisen, gibt es offensichtlich Schwierigkeiten mit den Sitzplätzen im Zug, aber lassen wir einfach diese drei Karten an Emilie für sich sprechen:

«7. Juli 1907 Bedaure lebhaft die schlechte Einwaggonirung – ihr seid aber ein klein wenig mitschuldig – hoffentlich war die Fahrt nicht allzu scheußlich.

8. Juli 1907 Hast Du mit dem Telegramm nicht ein «bissl» geschwindelt? Eine kleine Reisebeschreibung wäre sehr erwünscht. Wie geht's? Feuchter trüber Morgen, aber es will schön (od. heiß) werden Gustav

9. Juli 1907 Montag Mittag Bei uns regnet es sich wunderschön ein – hoffentlich habt Ihr es schöner. Bin schon wieder ziemlich in Ordnung. Allerherzlichste Grüße aus meiner Werkstatt Gustav»

Manchmal geht es dem mit Aufträgen eingedeckten Maler nicht besser als vielen Geschäftsleuten, die lediglich am Wochenende ihre Familie in der Sommerfrische besuchen können. Angesichts der guten Verkehrsanbindung Seewalchens an die Schnellzugstrecke Wien–Salzburg (via Attnang–Puchheim) kein Problem, und notfalls wurde er von einer Station abgeholt («falls kein Anschluß bitte Wagen Vöcklabruck Gruß Gustav»).

Alles vergebens, wenn die Arbeit überhand nimmt, dann bleibt selbst bescheidenes Wochenendglück ein Wunschtraum. Im Juni 1915 zum Beispiel schreibt Klimt vom Frühstückstisch im Tivoli an Emilie Flöge in der Villa Paulick, nachdem er gleichgültig konstatiert, es seien die «Rosen erblüht» in Schönbrunn:

«Es wäre sehr schön gewesen über Sonn und Feiertag hinauszukommen – es geht nicht – ich muß rackern! Am liebsten schmiß ich den ganzen Krempl zum Teufel und gienge nach dort, es ist mir gründlich zu fad. Falls Du bis über den Feiertag bleibst schalte ich wol oder übel die beiden Tage als «Werkeltage» ein, ich komme dann früher weg (...). Bleib Midi so lange Du kannst.»

Nicht besser präsentiert sich die Lage, muss er nach gemeinsamen glücklichen Urlaubswochen allein nach Wien zurück, wie im September 1913. Auf dem Rückweg von Italien kann Klimt nur kurz am Attersee Station machen, Emilie bleibt noch dort und bekommt recht melancholische Zeilen zu lesen:

«TIVOLI Dreckig, öd und leer! Wetter erst trüb, jetzt Sonne – sie versöhnt ein wenig! Während der Fahrt äußerst geteilte Gefühle (als fehlt ein Stück von mir) – so lang's unter der «Sonnen» gieng hätt ich Dir vieles zeigen wollen – Stadt unglaublich eng und klein («vorstädtisch» bis zur Unmöglichkeit) – herbstlich. Kaffee nicht schlecht. Ich bin diesmal noch weniger froh als sonst. Allerherzlichste Grüße GUSTAV. Prutscher ist mein Tischgenosse – er findet Schönbrunn grün – ich nicht! Hauskoffer angekommen!»

Balkon der Villa Paulick vor dem Zimmer, das Emilie Flöge dort regelmäßig bewohnte, mit Blick auf den See.

OBEN:
Klimt-Memorabilien aus der Villa Paulick: Neben dem Gästebuch (mit zahlreichen Einträgen Klimts) hat sich dort auch ein Album mit Photographien von den Aufenthalten Klimts und der Flöges erhalten.

GEGENÜBER:
Schloss Kammer am Attersee III (Öl auf Leinwand, 1910, Ausschnitt, Österreichische Galerie Belvedere, Wien).
Das idyllische Wasserschloss hat (wie der Attersee an sich) heute manches von seinem einstigen Charme verloren, auch die von Klimt 1912 gemalte Allee existiert leider nicht mehr.

Mit Otto Prutscher war Klimt, wie wir wissen, häufig in Wiener Lokalen unterwegs. An diesem trüben Tag scheint seine Gesellschaft allerdings von nur geringem Trost gewesen zu sein! Solchen benötigte umso mehr Emilie, wenn sie später nach dem Tod des Gefährten ohne ihn am Attersee weilte, entweder in der Villa Paulick oder im Haus ihrer Nichte Helene in Weißenbach: Auf Schritt und Tritt begegnete sie dort seinen Spuren, wurde erinnert an Ruderpartien auf dem sonnenüberglänzten Wasser, Wanderungen, kleine Mahlzeiten in heiterer Runde, verschwiegene Zweisamkeit … Wie oft mag sie dann die Briefe des Malers vermisst haben, aus denen seine Sehnsucht sprach nach einem «locus amoenus» fern der Stadt und in ihrer Nähe:

«‹Krokus› blüht weiter in meinem Garten und sieht fein aus – Flieder setzt weiße Blüthe an. Es kann schön werden – wenn Mutter Natur nicht wieder einen Blödsinn macht und wenn das Schicksal uns genußfähig sein läßt. Also Midi ich wart Deine Mittheilung ab um mich frohgemut auf die Reise zu machen. (…) HERZLICHSTEN GRUSS GUSTAV»

JÄGERWECKEN

Ein typisches Gericht für die Jause – die kleine oder große Zwischenmahlzeit, wie Gustav, Emilie und Freunde sie unterwegs auf ihren Wanderungen oder Ruderbootpartien einlegten, wobei die Kaffeejause wohl öfter in die Champagnerjause übergegangen sein mag.

1 kleiner Weißbrotwecken, ca. 25 cm lang

Für die Fülle:
125 g Butter
je 80 g Schinken und Zunge, in kleine Würfel geschnitten
2 kleine Essiggurken, in Würfeln
1 hart gekochtes Ei
50 g Hartkäse, in kleinen Würfeln
30 g Sardellen, klein geschnitten
$^1/_2$ EL Kapern
etwas Senf, Salz, frisch gemahlener Pfeffer

Den Wecken in 2 Hälften teilen und aushöhlen.
Für die Fülle: In die schaumig gerührte Butter Schinken-, Zungen- und Gurkenwürfel, das fein gehackte Eiweiß und das durch ein Sieb gestrichene Eigelb samt allen anderen Zutaten geben. Die Masse mit Senf, Salz und Pfeffer gut abschmecken und in das ausgehöhlte Brot füllen. Dabei beachten, dass keine Lücken entstehen und das Brot nicht zerstoßen wird. (In die Fülle können als Einlage auch ein hart gekochtes Ei oder 1 saure Gurke gegeben werden.)
Den gefüllten Jägerwecken mehrere Stunden kalt stellen. Vor dem Servieren in $^1/_2$– $^1/_4$ cm dicke Scheiben schneiden.

FRITTATENSUPPE

Das innige Verhältnis der Wiener zu Teigwaren aller Art spricht auch aus folgendem Passus von Joseph Roths «Radetzkymarsch» (1932): «Ein warmer goldener Schimmer waltete in den Tellern; es war die Suppe: Nudelsuppe. Durchsichtig, mit goldgelben, kleinen, verschlungenen, zarten Nudeln.»

(4 Portionen)
1–1 1/2 l beste Rinderbrühe (frisch zubereitet, z. B. die Brühe vom Tafelspitz, s. S. 126)

Für die Frittaten:
1/8 l kalte Milch
1 ganzes Ei
Prise Salz
50 g glattes Weizenmehl
Fett zum Backen (Butter oder Schweineschmalz)

Zum Garnieren:
1 Bund Schnittlauch, fein geschnitten

Kalte Milch, Ei und Prise Salz mit so viel Weizenmehl nach und nach verrühren, dass ein glatter dünnflüssiger Teig entsteht.

Eine flache Omelette- bzw. Palatschinkenpfanne heiß werden lassen, etwas Fett hineingeben, dann so viel Teig in die Pfanne gießen, dass deren Boden gleichmäßig etwa 2 mm dick hoch bedeckt ist; man muss dabei die Pfanne etwas schwenken, damit sich der Teig gleichmäßig verteilt. Auf beiden Seiten bei mäßiger Hitze goldgelb backen. (Sobald die eine Seite goldgelb ist, hebt man die «Palatschinke» mit dem Bratenwender hoch, stürzt sie mit der noch rohen Seite wieder in die Pfanne und backt sie fertig.) Die Pfanne dabei am Anfang immer etwas schütteln und rütteln, damit sich der Teig leicht vom Pfannenboden lösen kann. Vor dem Eingießen der nächsten Teigportion gibt man wieder etwas frisches Fett in die Pfanne.

Die dünnen Palatschinken erkalten lassen, einzeln wie eine Roulade zusammenrollen und diese zu 2–3 mm dicken Frittaten schneiden.

Portionsweise in Suppenteller geben, die heiße Rinderbrühe darüber gießen und großzügig mit Schnittlauch bestreuen.

GEFÜLLTE PAPRIKA MIT PARADEISERSAUCE

Über das Kronland Ungarn kam die Paprika in die österreichische Küche und machte sich unentbehrlich, nicht nur zu vielen Fleischgerichten wie dem Gulasch. Die Paradeisersauce wurde früher oft als eigenständige Mahlzeit serviert, etwa mit Salzerdäpfeln als Beilage.

Vorbereitung der Paprika: Von den gründlich gewaschenen Schoten die Stiele entfernen. Dafür an der Stielseite einen Deckel ausschneiden (und zurückbehalten), die Paprikas innen völlig entkernen und die weichen Fäden entfernen, dann mit kochendem Salzwasser blanchieren, nach 2 Minuten mit kaltem Wasser abschrecken und gut abtropfen lassen. In der Zwischenzeit Sauce und Fülle zubereiten.
Für die Paradeisersauce: Die Paradeiser waschen, zerdrücken und in $^1/_8$ l Wasser etwa 30 Minuten langsam kochen. In etwas Öl in einer Pfanne die Zwiebelwürfel anschwitzen, mit dem Mehl bestäuben, gar braten und mit den Paradeisern aufgießen. Das Ganze etwas reduzieren, mit Salz, Zucker und einem Schuss Essig würzen. Zuletzt die Sauce durch ein Sieb passieren.
Für die Fülle: In heißem Fett die feinen Zwiebelwürfel goldgelb anschwitzen, etwas abkühlen lassen und zum Faschierten geben. Mit Petersilie, Salz, Pfeffer, Majoran und Knoblauch würzen und mit Reis, Ei sowie eventuell etwas Wasser zu einer geschmeidigen Masse verarbeiten. Noch bevor die Schoten gefüllt werden, mit der Sauce beginnen.
Die vorgegarten Paprikaschoten mit der Hackfleischmischung füllen und mit den «Deckeln» oben wieder verschließen. In eine gefettete Kasserolle dicht nebeneinander liegend anordnen, salzen und im heißen Rohr unter einmaligem Wenden braten, bis sich die Fülle steif anfühlt (je nach Größe der Schoten etwa 10 Minuten).
Die Sauce über die Schoten gießen. Alles zugedeckt noch einmal 20 Minuten langsam gar dünsten. Auf vorgewärmten Tellern anrichten.
Als Beilage: Salzkartoffeln oder Reis.

(4 Portionen)
8 kleine grüne Paprikaschoten
Salzwasser

Für die Paradeisersauce:
1 kg Paradeiser (Tomaten)
$^1/_8$ l Wasser
60 ml Öl
100 g Zwiebeln, fein geschnitten
50 g Weizenmehl
Salz, 1 Prise Zucker
1 Spritzer Essig

Für die Fülle:
350 g faschiertes (gehacktes) Schweinefleisch (oder halb Schweine-, halb Rindfleisch)
50 g Zwiebel, in feine Würfel geschnitten
30 g Fett
einige Zweiglein Petersilie, geschnitten
Salz, frisch gemahlener Pfeffer
$^1/_2$ TL Majoran
1 Knoblauchzehe
50 g gekochter Reis
1 rohes Ei

GEBRATENER FOGOSCH

Fogosch ist abgeleitet vom ungarischen «fogás» (= Zander). Der auch Schill oder Hechtbarsch genannte Fisch mit besonders weißem und zartem Fleisch ist im Neusiedler See wie in der Donau zu Hause und auf Wiener Tafeln sehr präsent. Laut «Appetitlexikon» von 1894 betrug um diese Zeit der Zanderverbrauch im Bannkreis des Stephansdoms um die 65 000 kg jährlich.

(4 Portionen)
1 kg Fogosch
(ungarisch für Zander oder Schill)
100 g Speck, in Scheiben oder
in kleine Keile geschnitten (s. unten)
Butter, zerlassen

Für die Sauce:
1 l Wasser
Salz
1 Lorbeerblatt
einige Pfefferkörner
2–3 Fischköpfe
Bertramessig (Estragonessig)
4 Eidotter
Saft von 2 Zitronen
1 nussgroßes Stück Butter

Für den Fogosch: Den bereits vom Händler sauber ausgenommenen, gewaschenen Fisch spicken. (Nach klassischer Manier hierzu den Speck in feine Keile schneiden, für die man mit einem spitzen Messer kleine Einschnitte in das Fleisch macht. Man kann jedoch auch den ganzen Fisch mit Speckscheiben umwickeln.)

Den gespickten Fogosch auf einem Einsatz in den Bräter stellen, mit zerlassener Butter übergießen und eine halbe Stunde bei mäßiger Hitze im Rohr braten. Dabei mehrmals mit Butter übergießen.

Für die Sauce: In der Zwischenzeit in einer Pfanne aus Wasser, Salz, einem Lorbeerblatt, einigen Pfefferkörnern sowie zwei bis drei Fischköpfen unter Beigabe von Bertramessig einen würzigen Fischsud kochen.

$^1/_3$ l davon durchseihen, mit den Dottern, dem Zitronensaft und einem Stückchen Butter bei mittlerer Hitze verquirlen, bis die Masse die Konsistenz einer dickflüssigen Weinschaumsauce gewinnt.

Den Fogosch auf einer flachen Schüssel anrichten und mit etwas Sauce übergossen servieren.

Als Beilagen passen Salzkartoffeln, Petersilienkartoffeln, Reis sowie Salate je nach Wunsch.

PALATSCHINKEN

Pálácsintá ist das ungarische Wort für Pfannkuchen, das im 19. Jahrhundert Eingang in die Wiener Kochbuchsprache fand. Die Palatschinke nie verwechseln mit der (aus dickflüssigem Teig zubereiteten) Omelette! Eine köstliche Palatschinken-Spezialität, die tatsächlich aus Ungarn kommt, stammt von dem legendären Budapester Meisterkoch János Gundel (1844–1915). Er komponierte eine Füllung aus Nüssen und Rosinen und rundete die Mehlspeise mit Schokoladensauce und Sahne ab. In Wien serviert man sie auch als «Kapuziner-Palatschinke».

(4–6 Portionen oder
12 mittelgroße Palatschinken)
140 g Weizenmehl
etwa $^1/_4$ l Milch
(einen Teil der Milch nach
Belieben durch
Obers/Sahne ersetzen)
2 ganze Eier
1 Eidotter, Salz
Fett zum Backen (die Altwiener Küche
verwendete je zur Hälfte Butter
und Schweineschmalz)

Weizenmehl in eine Schüssel sieben. Mit Milch, den ganzen Eiern und dem Eidotter und einer Prise Salz zu einem glatten Teig verarbeiten. So lange etwas Milch hinzufügen, bis er dicklich vom Löffel rinnt. (Durch Beigabe eines weiteren Eidotters oder von Obers statt eines Teils der Milch werden die Palatschinken noch feiner.)

In einer Palatschinkenpfanne (Stielpfanne) ein wenig Fett heiß werden lassen. Jeweils so viel Teig hineingießen, dass der Boden der Pfanne hauchdünn bedeckt ist, bzw. die Pfanne beim Eingießen des Teiges so bewegen, dass er gleichmäßig dünn verteilt wird. Bei mäßiger Hitze zuerst die eine Seite hellbraun backen, anschließend wenden und die zweite Seite ebenfalls Farbe annehmen lassen.

Die fertigen Palatschinken übereinander gestapelt warm stellen, bis der ganze Teig verarbeitet ist. Dann die Palatschinken nacheinander mit Marmelade bestreichen, zusammenrollen, auf einer Platte anrichten und mit Puderzucker bestreuen. Sofort servieren.

Zum Füllen eignen sich: 150 g Marillenmarmelade (leicht flüssige Aprikosenmarmelade) oder eine andere Marmelade nach Wunsch, z. B. Powidl (eine typisch wienerische konzentrierte Form des Zwetschkenmuses, das mit Zitronensaft eingekocht wird).

EMILIE UND DIE MODE

VORHERGEHENDE DOPPELSEITE:
Goldring aus dem Besitz Emilie Flöges. Eine sehr schöne, in Form und Material jedoch untypische Preziose der Wiener Werkstätte, die selten Brillanten verarbeitete und hier vom Prinzip des «Quadratl»-Designs abwich.

UNTEN:
Probierlogen des Modesalons «Schwestern Flöge» im geradlinigen schwarz-weißen Chic der Wiener Werkstätte. Ein Aufsehen erregendes Novum für die Kundinnen waren die drehbaren Spiegel.

Betuchte Wienerinnen, die im Juli des Jahres 1904 noch nicht in der Sommerfrische weilten und auf der Suche nach Konfekt und Konfektion durch die Straßen der Hauptstadt flanierten, konnten eine brandneue fashionable Adresse ansteuern: Im Hause Mariahilferstraße 1b, wo schon seit Generationen das «Café Casa Piccola» zum kleinen Schwarzen einlud, fand man ebendies in der Bel Etage seit Beginn des Monats auch in anderer Form – im exquisiten Modeatelier «Schwestern Flöge»:

«Das Schild über der Eingangstüre war ein Jugendstilmosaik, in Blau und Grün (...) Mosaiksteine und in Schwarz die Schrift «Schwestern Flöge». (Nach dem) Vorzimmer, das ziemlich schmucklos war [kam man] in den Salon (...) sehr groß und ganz in Jugendstil eingerichtet, und zwar waren die Wände aus weißem Schleiflack, eingelassen zwischen schwarzen Umrandungen waren Bilder von Koloman Moser, der die Damen in schöner Kleidung darstellte. Dann waren (da) zwei Jugendstiltische, hochlehnige Stühle aus der Wiener Werkstätte. Auf der einen Seite war ein Kamin, darüber ein wunderschön gestickter Drache, und dann gab es an der Seite Vitrinen (...). Bespannt waren (...) die Fußböden mit hellgrauem Filz.»

Zum Inhalt der Vitrinen kommen wir später, zum (ansonsten authentischen) Bericht von Herta Wanke, einer ehemaligen Mitarbeiterin des Modeateliers, sei angemerkt, dass die relative Schmucklosigkeit des Interieurs und der Textilfußboden Teil eines damals hoch modernen innenarchitektonischen Programms waren! Und die Kundin, die sich im Vestibül niederließ, fand auf dem Tisch einen frischen Blumenstrauß und einschlägige Lektüre vor ...

Inhaberinnen waren neben Emilie Flöge deren Schwestern Helene und Pauline, die schon seit langem mit Schneiderarbeiten die handwerkliche Tradition der Familie fortsetzte. Auch die Jüngeren hatten offensichtlich Nähkurse absolviert, keine von ihnen besaß indes einen Meisterbrief, eigentlich Voraussetzung für den erforderlichen Gewerbeschein – über diese Hürde halfen die Beziehungen des Bruders Hermann zu Handwerkskammer und Innung. Positiv wirkte sich zudem der Umstand aus, dass sie 1903 einen Wettbewerb gewonnen hatten: zur Ausstattung der Mitwirkenden einer Kochausstellung mit einheitlicher Batistkleidung.

Dass man wiederum eine komplette Einrichtung aus der (erst im Vorjahr gegründeten) Wiener Werkstätte vorfand, war sicherlich der Vermitt-

lung Klimts zu verdanken – von dem die Anekdote überliefert ist, er habe sich königlich amüsiert mit selbst gebastelten Papierhütchen, die er vom Dreimäderl-Salon im ersten Stock auf die Terrasse der «Casa Piccola» hinabschweben ließ! Die streng geometrisch in Schwarz-Weiß gestalteten Atelierräume bildeten Hoffmann und Moser sogar 1905 in der Zeitschrift «Deutsche Kunst und Dekoration» ab, als Paradebeispiel ihres modernen Wiener Stils. Einen reizvollen Kontrast hierzu bildeten bunte folkloristische Kleidungsstücke in den Vitrinen, wo man außerdem aber auch typische kunstgewerbliche Artikel aus der Neustiftgasse feilbot, wie mit Halbedelsteinen besetzte Metallschatullen oder mit Marmorpapier überzogene Schachteln. Bekam eine Kundin die unvermeidliche Rechnung, war sogar bei der Gestaltung dieses Formulars noch die ästhetische Handschrift der Wiener Werkstätte offenkundig!

Ebenso unmissverständlich verriet ihr zuvor der Blick in die (drehbaren!) Spiegel der Probierloge, dass sie sich, was die weibliche Anatomie anging, an der Donau befand und nicht an der Seine ... Das «Fachblatt

Gustav und Emilie im Garten der Villa Oleander in Kammerl am Attersee (1910).
In der legeren Atmosphäre der Sommerfrische konnte Emilie ihre neuesten Reformkleider ausführen, ohne Aufsehen zu erregen – oft mutierte auch der Bootssteg gewissermaßen zum Laufsteg. Und der Maler hielt es ohnehin recht lässig mit seinen «Kutten» (s. S. 186).

der Genossenschaft der Kleidermacher Wiens» etwa sorgte sich 1906 um die «Planlegung der menschlichen Büstenfläche», im Kontext der Problemstellung «Wie soll man nun den molligen Körper einer Wienerin in eine streng französische Toilette hineinbringen?», um sieben Jahre später selbst eine Antwort auf jene (sanft resignative) Frage zu geben:

«(Die Wienerin) kann das ausländische Modell allerdings nicht so tragen wie es ist, denn sie ist nicht so klein und schmal, nicht so quecksilbern und nicht so hüftenlos (...). Ihre Haltung ist anders und ihr Gang (...). Das fremde, für einen anderen Typus ersonnene Modell muß daher umkomponiert werden (...) bis zu guter Letzt aus dem Pariser doch wieder ein Wiener Modell geworden ist, das heißt, ein Kleid, das zur Wienerin paßt.»

Ob die Flöge-Klientel sich nun tatsächlich aus so «mudelsauberen» Madln zusammensetzte (d. h. solchen, deren draller Busen herausfordernd dem Mieder entquoll) oder nicht, durchweg stolzen Kalibers war allemal der Preis der Modellkleider und anderen Kleidungstücke. Aus dem Jahre 1912 zum Beispiel hat sich eine Rechnung für einen Rock aus Seidenplissée erhalten, über 190 Kronen! Zum Vergleich: Für diese Summe konnte man in einem anständigen Beisl neunzigmal speisen (mit Getränk) ... Derartiger Luxus war, nicht anders als die Dienste der Wiener Werkstätte, wenigen «Hochwohlgeborenen» (oder zumindest hochwohl Situierten) vorbehalten – wie den Damen Rothschild, Guttmann, Wittgenstein und Lederer.

Während die gewagten Reformkleider, wie sie auch Klimts Auftraggeberinnen zuweilen auf den Porträts tragen, in Wien entworfen wurden, bezog der Salon Anregungen für die (vergleichsweise!) konservativeren Modelle aus London und Paris, wo sich Emilie regelmäßig über die neuen Trends informierte:

«Emilie Flöge fuhr jedes Jahr zweimal zum Einkaufen nach Paris und verkehrte dort in den bekannten Modehäusern wie Worth für Mäntel und Kostüme, Violet für Kleider (...) dann Coco Chanel (...) und Schiaparelli. Das waren die Häuser, die damals schöne Mode machten. Stoffe bezogen wir auch aus Paris, es wurde wenig in Österreich gekauft. Die Stoffe wurden von der Firma Lesure, Rodier und Bianchini gekauft, auch Gürtel und Knöpfe kamen aus Paris, teilweise wurden sie hier nachgemacht von der Firma Vogue in der Tuchlauben. Die Pelze bezogen wir aus Wien, Lieferant war die Firma Bergmann in der Mariahilfer Straße.»

Diese Aussagen Herta Wankes beziehen sich allerdings schon auf die zwanziger und dreißiger Jahre, als von Reformkleidern keine Rede mehr war und man zwar nach wie vor zusammenarbeitete mit der Wiener Werkstätte (die 1911 unter Leitung von Josef Wimmer-Wisgrill ein eigenes Modeatelier gründete), die entscheidenden Impulse jedoch anderswoher kamen.

Dass das Unternehmen der Schwestern Flöge auch die schwierigen Zeiten von Krieg und Inflation überstand, lag erstens an den im sicheren Ausland befindlichen Vermögen vieler (auch amerikanischer) Kunden, zweitens an der geschickten Geschäftspolitik, neben extravaganten Modellen für die «Happy few» soliden Chic für eine breitere Käuferschicht anzubieten. Dabei manövrierte der Salon Flöge, mit zeitweise 80 Angestellten, bravourös zwischen handwerklichem Manufakturwesen und Großkonfektion. Nach dem Tode Paulines im Jahre 1917 übernahm Helenes Tochter Lentschi deren Part, Seele des Ganzen war und blieb indes die künstlerisch hoch begabte Emilie, wie erneut Herta Wanke sie beschreibt:

OBEN:
Emilie Flöge in einem chinesischen Kleid (Lumière-Autochrome-Platte, 1913).
Auf diesem frühen Farbbild, das der Wiener Photopionier Friedrich Walker im Garten der Villa Paulick aufnahm, trägt Emilie ein kaiserliches Hofgewand der Quing-Dynastie – Extravaganz im Grünen.

GEGENÜBER:
Das (heute noch existierende) Casa-Piccola-Haus in der Mariahilferstraße 1b (VI. Bezirk), damals mit dem gleichnamigen Café im Erdgeschoss und dem Modesalon «Schwestern Flöge» im ersten Stock (Photographie von 1932).

Emilie besaß eine stattliche Anzahl von Schmuckstücken aus der Wiener Werkstätte, wie diese von Josef Hoffmann entworfene Brosche.

«Es war besonders Emilie Flöge, die den Modesalon in Schuss hielt. Nur ihrer Initiative ist es zu verdanken, daß die Firma zu so einer Hochblüte gekommen ist (...). Besonders faszinierte mich an ihr ihre Betriebsamkeit, der Fleiß, mit dem sie in der Früh als eine der ersten ihre Anweisungen zum Zuschneiden gab, und dann arbeitete sie wie eine Künstlerin, wie eine Bildhauerin auf der Puppe.»

Elisabeth Schironi, ehemals Modell im Salon Flöge, stellt ihr gleichfalls ein enthusiastisches Zeugnis aus:

«Emilie hatte ein ganz außergewöhnliches visuelles Gedächtnis, sie brauchte nie Skizzen und Aufzeichnungen, sie hatte alles im Kopf. Sie registrierte nicht nur alle Details in den Pariser Modeschauen, sondern konnte auch bei Opernbesuchen – sie war ja eine große Musikfreundin und hatte ein Opernabonnement – schon von weitem jene Kundinnen erkennen, die unsere Modelle trugen, und freute sich darüber.»

Zu jenen Kundinnen gehörte lange die Gattin des Operndirektors: Alma Mahler, von der aus dem Jahre 1910 eine Photographie in heller

Abendrobe erhalten ist – ein aufwendiges Reformkleid der vornehmen Art, wie denn unter jener Kategorie prinzipiell nicht, obwohl es der Name vielleicht nahe legt, härene Kittel zu verstehen waren.

Um 1900 wandten sich Reformer(innen) unterschiedlicher Couleur vermehrt gegen Korsett und Schnürbrust in der Damenmode, teils aus emanzipatorischen, vor allem aber medizinischen Gründen, wie Heinrich Lachmann («Die Reform der Kleidung», 1898) oder Anna und Heinrich Jäger («Hygiene der Kleidung», 1906). Anlässlich einer Ausstellung im Berliner Kunstgewerbehaus brachte 1903 ein Theoretiker die Sache auf den Punkt:

«Es darf keinerlei Art von Korsett (...) verwendet werden; das Kleid muß von den Schultern getragen werden; die Kleider dürfen nicht aus Rock und Bluse der alten Form bestehen; sind Büstenhalter oder weiche, lose Leibchen beim Tragen des Kleides vorgesehen, so dürfen es nur solche sein, die von den Schultern aus getragen werden, nicht solche, die auf oder hinter dem Rippenkorbe oder auf den Hüften ihren Halt finden.»

Vorbilder für die neuen, frei fließenden Schnitte fand man unter anderem in Antike und Rokoko, und wesentliche Impulse für die Anhängerschaft des Hängekleides kamen nicht zufällig aus dem Bereich der Kunst: in England etwa vom «Arts and Crafts Movement» (mit dem Londoner Kaufhaus Liberty's als erster Adresse), in Deutschland mit Henry van de Veldes Buch «Die künstlerische Hebung der Frauentracht» (1900) und Alfred Mohrbutters «Das künstlerische Kleid der Frau» (1904). Dass Architekten und Maler sich des Themas annahmen, verdankte sich natürlich auch dem Trend zur ästhetischen Durchdringung aller Lebensbereiche, wie er typisch war für die Wiener Werkstätte.

Ein Vorreiter der Reform in Frankreich war der Modeschöpfer Paul Poiret, der ab 1905 in seinem Atelier in der Pariser Rue Auber einfache Tuniken und Röhrenkleider mit hoch gesetzter Taille schuf – in leuchtendem Hellgrün, Orange oder Violett, wie er es in der berühmten Ausstellung der «Fauves» desselben Jahres etwa auf Bildern von Matisse gesehen hatte. Poirets Modeschauen erregten auch in Wien erhebliches Aufsehen, gepaart mit Misstrauen: Auf die (nicht ohne Hinterlist gestellte) Frage, wie denn eine Frau auf der Straße mit seinen zarten Seidenschuhen zurechtkomme, gab er den schlichten Bescheid, seine Kundinnen beträten die Straße überhaupt nicht ...

Alma Mahler (Photographie von Madame d'Ora, 1909). Eine der prominentesten Photographinnen Wiens (die eigentlich Dora Kallmus hieß) lichtete hier die Gattin des Komponisten und Operndirektors in einem reich plissierten Reformkleid aus dem Hause Flöge ab, wie Emilie sie auch selbst zuweilen trug (s. S. 53).

Der Franzose war seinerseits so begeistert von den hauchfeinen Seidenschals der Wiener Werkstätte, dass er gleich einen stattlichen Posten davon orderte – vier Exemplare in Weiß, Lachsrosa, Grün und Violett fanden sich später auch im Nachlass Emilie Flöges. Berta Zuckerkandl, stets eine wache Beobachterin der Achse Wien–Paris, berichtet zudem über einen Mantel, gefüttert mit einem (von Dagobert Peche entworfenen) Stoff der Werkstätte, und einer erfolgreichen Vorführung von Wiener Kreationen in Poirets Pariser Salon. Angetan haben es ihr persönlich besonders die kräftigen Farben:

«Und die Farbenklänge, ein sonores Nachtblau, das Orange eines drohenden Gewitters, ein Rot, leidenschaftlich wie heißgeküßte Lippen: das sind Melodien von Klimts Palette.»

Der Palette des Spätwerks, mag man einschränken, der Autorin jedoch recht geben in ihrem wenig später geäußerten Urteil: «Es war eine Folgerichtigkeit, daß aus dem Geist des Klimt-Kreises das ‹Wiener Werkstätte›-Kleid sich kristallisieren müsse.» Dies gilt zunächst in dem allgemeinen Sinn, dass die Kunst damals generell ein Ideenlieferant für die Mode war: Man denke an den Einfluss von Diaghilews «Ballets russes», deren Kostüme von namhaften Künstlern gestaltet wurden, auf die Pariser Couturiers, oder den Reflex, den das Interesse an asiatisch-afrikanischer Kunst und europäischer Volkskunst in der zeitgenössischen Mode auslöste – so schneiderte Coco Chanel Kleider nach dem Vorbild russischer Bauernkittel, fand man im Salon der Schwestern Flöge auch Hauben mit folkloristischen Stickereien, bunte Wickelröcke und kimonoartige Gewänder.

Zum zweiten gilt Zuckerkandls These konkret für das intensive künstlerische Zusammenspiel von Klimt-Kreis und Wiener Werkstätte, die wiederum beide derselben Klientel verbunden waren (in Teilen identisch mit derjenigen des Flögeschen Salons): Neben Serena Lederer oder Sonja Knips ist hier auch Johanna Staude zu nennen, deren Porträt Klimt 1917/18 schuf. Die damals Vierunddreißigjährige trägt darauf eine Bluse aus dem Wiener-Werkstätte-Stoff «Blätter» (Entwurf Martha Alber), dessen offensive Blautöne der Maler vor einem Hintergrund in sattem Orange aufscheinen lässt. Während das Blatt-Motiv sich auf dem Originalstoff deutlich absetzt, integriert Klimt es in eine dynamische Gesamttextur und hebt hiervon den blassen Teint der Frau durch einen schwarzen Pelzkragen ab, der seinerseits mit dem modisch kurz gehaltenen

Bildnis Johanna Staude (Öl auf Leinwand, 1917/18, Österreichische Galerie Belvedere, Wien).
Das Modell trägt eine (möglicherweise selbst genähte) Bluse aus dem Stoff «Blätter» der Wiener Werkstätte (Entwurf: Martha Alber). Klimt ließ bei der Auswahl der Kleidung seiner Porträtmodelle stets große Sorgfalt walten.

GUSTAV
KLIMT
1916

Schopf korrespondiert: eine dunkle Rahmung des Gesichts, deren Strenge wirkungsvoll gemildert wird von den hellen Ohren.

Klimt gelang hier ein im Zusammenspiel von Form und Kolorit, Harmonie und Spannung exzellentes Porträt von frappanter Modernität – sogar die nur ansatzweise Ausführung der Mundpartie fügt sich nahtlos in die Komposition. Da war die Auftraggeberin offenbar anderer Meinung, wurde jedoch vom Künstler auf die Frage, warum er das Bild nicht fertig male, mit der charmanten Replik beschieden: «Weil Du dann nimmer ins Atelier kommen würdest.»

Ein anderes, hoch interessantes Beispiel für die Präsenz der Wiener Werkstätte auf Frauenporträts von Klimt ist sein kurz zuvor gemaltes «Bildnis der Friederike Maria Beer», einer verwöhnten, lebenslustigen jungen Dame, deren Mutter Inhaberin der bekannten «Kaiser Bar» in der Krugerstraße nahe der Oper war, einem noblen Treffpunkt von Jeunesse dorée und Künstlerschaft. Beides vereinte, als talentierter Maler und Spross einer Stahldynastie, in Personalunion Friederikes Lebensgefährte Hans Böhler: So konnte sie ohne weiteres ihre erste eigene Wohnung komplett von der Werkstätte einrichten lassen und jahrelang ihre Garderobe ausnahmslos von dieser exquisiten Adresse beziehen – darunter ein gelbes Atlaskleid, einen gestreiften Abendmantel mit Fuchspelzbesatz, ein violettes Hauskleid und ein Seidenkostüm. Im November 1915 wurde sie angeblich von ihrem Freund vor die angenehme Wahl gestellt, zu Weihnachten entweder eine Perlenkette zu bekommen oder ein Porträt von Klimt ...

Obwohl Friederike Maria Beer dem Maler dreimal wöchentlich mehrere Stunden Modell stand, zog sich die Fertigstellung bis in den Februar hin – was natürlich Klimts Perfektionismus geschuldet war, der bereits bei der Wahl des passenden Gewandes einsetzte! Nachdem offenbar keines aus Klimts stattlicher Sammlung japanischer und chinesischer Kleider zu überzeugen vermochte, schlug sie vor, sich in zwei Neuerwerbungen aus dem Modeatelier der Werkstätte malen zu lassen: einem Hosenkleid aus Pongéstoff (Entwurf Dagobert Peche) und einer weißen Iltis-Jacke. Klimt interessierte indes weniger das Mondäne in Zeiten des Krieges, sondern die Wirkung der Farben, weshalb er sein Modell bat, die Jacke herumzudrehen: So flossen die rötlichen Mäander des Seidenfutters zusammen mit den blauweißen Wellen des Kleiderstoffes, nur schemenhaft abgegrenzt durch den Rand des ins Graublau

Bildnis Friederike Maria Beer (Öl auf Leinwand, 1916, Museum of Art, Tel Aviv).
Einen dynamischen Rausch von Farben und Formen inszenierte Klimt auf diesem Porträt, dessen Modell eine enthusiastische und treue Kundin der Wiener Werkstätte war.

Emilie Flöge im Reformkleid
(Lumière-Autochrome-Platte, 1913).
Ein weiteres Farbbild Friedrich Walkers: Über dem Kleid trägt Emilie einen knöchellangen grünen Seidenschal.

mutierten Pelzes. Als sei dies der Akkorde nicht genug, setzte Klimt die Figur vor den Hintergrund einer wild bewegten Reiterkampfszene (Motiv einer koreanischen Vase aus seinem Besitz)! Trotzdem wirkt das Bildnis nicht zu unruhig, bedingt durch die statuarische Haltung der Porträtierten, das über einem monochromen Dekolleté fein modellierte, gelassene Gesicht und die nur dezent gemusterte Fläche des grünen Teppichs; zudem sind die Gesten der Kämpfer fast ausnahmslos auf die Zentralgestalt ausgerichtet. Also wieder ein Meisterwerk, für das der Meister sich mit fürstlichen 20 000 Kronen entlohnen ließ.

Friederike Beer besuchte ihn noch im selben Sommer am Attersee und war wenige Jahre darauf in der Galerie Nebehay mit der Ordnung seiner Zeichnungen aus dem Nachlass betraut. Von der Person des Malers scheint sie sehr beeindruckt gewesen zu sein, auch aus weiblicher Perspektive – so schilderte sie ihn noch Jahrzehnte danach als jemanden von geradezu beängstigend animalischer Ausstrahlung und markant maskulinem Odeur …

Wie faunisch sich der Maler auch immer seinen Modellen an den Nachmittagen im Atelier präsentiert haben mag, bei den Frauenbildnissen zeigte er sich stets bemüht um eine höchst sensible Auseinandersetzung mit Schnitt und Ornamentik der Kleidung, angefangen bei den antikisierenden Gewändern der frühen Schaffensperiode über die weich fließenden Roben von Sonja Knips und Serena Lederer bis zu den bunten oder stark abstrahierten Versionen des Spätwerks, etwa den Primavesi-Porträts oder denjenigen der Adele Bloch-Bauer.

Wie Paul Poiret scheint auch Klimt Anregungen vom kräftigen Kolorit der Bilder seines Kollegen Henri Matisse aufgenommen zu haben, und unübersehbar sind die Einflüsse der japanischen und chinesischen Kunst. Mit ihr war er unter anderem gut bekannt durch die Ostasiatika-Sammlungen der Zuckerkandls, und in seinem Hietzinger Atelier fand sich neben Farbholzschnitten und Gemälden die bereits erwähnte Kollektion exotischer Gewänder, wie Kimonos und Drachenroben. Man begegnet ihnen (oder ähnlichen Exemplaren) wieder auf diversen Photographien von Emilie, die am Attersee entstanden – besonders bemerkenswert sind hierunter frühe Farbbilder, die der Photopionier Friedrich Walker 1913 im Garten der Villa Paulick aufnahm. Eines zeigt Emilie in einem bestickten Kimono-Kleid mit Doppelärmeln, auf einem anderen posiert sie im gestreiften Hemdkleid mit knöchellangem grünen Seidenschal.

Die Sommerfrische bot eine ideale Gelegenheit, die gewagte «casual wear» der Jahrhundertwende in einem zwar konservativen, aber doch legeren Umfeld zu erproben (und vorzuführen!), was auch für Klimt selbst galt, der dort ja mit Vorliebe seinen Malerkittel trug: indigoblau, mit Zierstickerei auf den Schultern. In Emilies Nachlass haben sich außerdem ein violetter Kaftan und ein grünes «T-Shirt» des Malers erhalten, der mit solchen Präferenzen Parallelen fand bei seinem Freund Hermann Bahr oder dem Dichter Leo Tolstoj, der gerne im russischen Bauernkittel figurierte. Um 1905/06 von Moritz Nähr aufgenommene Photographien zeigen Klimt und Emilie im Garten des Josefstädter Ateliers: ihn im unvermeidlichen Kittel, sie in einem typischen «Quadratl-Kleid» der Wiener Werkstätte.

1907 dienten wieder die Ufer des Attersees als pittoresker Laufsteg: Damals entstanden 20 Photographien Emilies in verschiedenen Reformkleidern – Photograph: Gustav Klimt! Wie weit sein Anteil am Entwurf dieser Kleider geht, ist umstritten, das Ganze aber allemal eine Sensa-

Gustav und Emilie im Garten des Josefstädter Ateliers (Photographie von Moritz Nähr, um 1905).
Schwungvoller Auftritt Emilies im Fledermauskleid aus der Wiener Werkstätte – vermutlich entworfen von Koloman Moser.

OBEN:
Brosche der Wiener Werkstätte aus dem Besitz Emilie Flöges (Entwurf: Josef Hoffmann). Silber, Emaille und Halbedelsteine verbinden sich hier zu einem Ensemble von harmonischer Geometrie und Farbgebung.

GEGENÜBER:
Die innovative Wiener Mode der Zeit fand man sogar auf Häuserwänden wieder: Diese anmutige Pharmazeutin (Detail des Fassadenschmucks der Engel-Apotheke in der Bognergasse) hätte auf jeder Soirée des Secessions-Kreises eine blendende Figur gemacht – und ein ideales Bildmotiv für Klimt abgegeben!

tion: an sich schon als sehr frühe Modephotos, zudem kreativ (und recht professionell) in Szene gesetzt von einem prominenten Künstler ... Und was trägt Emilie auf dem hoch gewachsenen Leib? Ein langes weißes Kleid mit Schleppeneinsatz und Rüschenvolants zum Beispiel, ein bauschiges weißes Kleid mit Tüllärmeln, eines aus gemustertem Stoff (Blumen und Diamantstab), ein anderes mit Ranken- und Vogelmuster. Durchweg aparte Varianten des Hängekleides, allesamt gefertigt im Modeatelier der Schwestern Flöge – dies ist jeweils auch vermerkt am Publikationsort der Bilder, der Zeitschrift «Deutsche Kunst und Dekoration» (Bd. 19, 1906/07).

Emilie besaß in einem Album Abzüge dieser Photographien, auf denen sie mehrere Male ein silbernes Kollier ziert, das Klimt ihr bei der Wiener Werkstätte arbeiten ließ, nach einem Entwurf von Koloman Moser – wieder ein Detail, an dem die intensive Verflechtung der Gemeinschaft Schaffender und Genießender, hier in sehr persönlicher Weise, manifest wird. Der Maler verwöhnte seine Gefährtin gerne mit Geschenken, unter anderem einem weiteren Kollier aus der Werkstätte (Entwurf Josef Hoffmann), und im Nachlass findet sich neben Schmuckdosen dieser Provenienz auch ein wunderschöner silberner Handspiegel, den er ihr vermutlich verehrt hat. Sowie in rotem Lederetui eine defekte Herrenarmbanduhr mit beiliegendem Zettel: «Uhr von G. K. ist kaputt.»

Am 11. Januar 1918 erleidet Gustav Klimt einen Schlaganfall und bittet: «Die Emilie soll kommen!» – Das tat sie sicherlich sofort, doch der Patient erholt sich nicht mehr, stirbt am 6. Februar im Spital und wird auf dem Hietzinger Friedhof beigesetzt, unweit seines Ateliers und seines geliebten Frühstücksplatzes.

Nicht nur Klimts Uhr indes lief ab. In seinem Todesjahr ging mit dem Ende des Ersten Weltkriegs die österreichische Monarchie unter und kündigte einen Zeitenwandel an, von dem auch das Modeatelier der Flöges nicht unberührt blieb – ästhetisch wie wirtschaftlich. Der Kundenstamm schwand, und als sich Ende der dreißiger Jahre mit dem Einmarsch Hitlers endgültig die Dämmerung über das alte Wien legte (wie Joseph Roth es ergreifend schildert in seinem Roman «Die Kapuzinergruft»), waren die Tage des einst florierenden Unternehmens gezählt: Anfang Juli 1938, beinahe exakt 24 Jahre nach der Gründung, schloss Emilie ihr Atelier. Dessen Mobiliar ist leider – bis auf zwei Stücke – verschollen und möglicherweise, zusammen mit 50 Skizzenbüchern Klimts,

1945 vernichtet worden beim Brand der Privatwohnung in der Ungargasse, die sich Emilie fortan mit ihrer Nichte teilte.

Ein Zimmer der Atelier-Wohnung in der Mariahilfer Straße hatte Emilie bis zum Schluss dem Andenken Klimts gewidmet. Herta Wanke berichtet darüber:

«Ich hatte auch die große Auszeichnung (...) in ihr Allerheiligstes, in das Klimt-Zimmer, des öfteren mitgenommen zu werden, und da durfte ich abstauben, Ordnung machen usw. Sie hat währenddessen den Kasten geöffnet, hat die schönen seidenen Gewänder, die chinesischen und japanischen Gewänder gelüftet, ausgebeutelt, ich durfte dann die Zeichenmappen abstauben. In den Laden waren nämlich Handzeichnungen von Gustav Klimt, die sie sehr mit Achtsamkeit dann wieder dort hineingegeben hat, damit ja nichts passierte.»

Mit der Obhut über den Memorabilien-Schrein war aber offensichtlich auch Elisabeth Schironi betraut, die im selben Jahr wie Wanke in dem Modesalon eintrat:

«Ich kam als Zwanzigjährige 1932 als Mannequin in den Salon Flöge. Ich war also zu jung, um Klimt selbst gekannt zu haben, aber Emilie Flöge hat mir das Klimt-Zimmer zur Verwaltung anvertraut. Es ist dies ein sehr großes Zimmer gewesen, das sie immer abgesperrt hielt. Eine Seite nahm eine Kastenwand mit langen Glastüren ein, davor stand Klimts Staffelei neben der Schneiderpuppe mit blauem Kittel und roten Borten. ‹Das ist eine Garderobe von Gustav Klimt›, erklärte sie mir. Es gab insgesamt zwei oder drei Klimt-Kittel in diesem Zimmer, sie waren blau mit roter Einfassung. Neben den Objekten gab es in den Glasschränken 200 bis 300 Klimt-Zeichnungen.»

So blieb Klimt für die Gefährtin, die ihn um mehr als drei Jahrzehnte überlebte, das insgeheime Zentrum ihres Daseins.

BŒUF À LA MODE

(4 Portionen)
1/2 kg Ochsenfleisch (Bug oder Rose)
1/4 Knolle Sellerie, in Würfel geschnitten
1 mittelgroße Karotte, in Würfel geschnitten
1 Petersilienwurzel, in kleine Stücke geschnitten
1/2 Stange Lauch, klein geschnitten
Salz

Für die Beize:
3/4 l Wasser, 1/8–1/4 l Essig
1 Zwiebel, 3 Pfefferkörner, 2 Nelkenblüten
4 Wacholderbeeren, 1–2 Lorbeerblätter

Für die Einbrenne:
30 g Butterschmalz
1 TL Zucker
40 g Weizenmehl
1/2 l von der Beize
1 Glas Rotwein

Für die Beize: Die angegebenen Zutaten in einen Topf geben und einmal gründlich aufkochen lassen. Nach dem Erkalten das Fleisch hineinlegen, so dass es ganz davon bedeckt ist, und mindestens 3 Tage durchziehen lassen. Anschließend das Fleisch herausnehmen.
Die Flüssigkeit zusammen mit Wurzelwerk erneut zum Kochen bringen, das Fleisch wieder hineingeben, maßvoll salzen und 1–1 1/2 Stunden sanft köcheln lassen.
Für die Einbrenne: Das Fett in einer großen Pfanne zerlassen, Zucker darin vorsichtig auflösen, bis er gelblich geworden ist, und das Weizenmehl hineingeben. Mit der Brühe aufgießen, etwa 10 Minuten kochen und etwas reduzieren. Anschließend die Sauce durch ein feines Sieb passieren und mit Rotwein abschmecken. Das Fleisch in Scheiben schneiden und mit der Sauce anrichten.

Als Beilagen: Kartoffeln, Bandnudeln oder Knödel aller Art, oder Nockerln (s. S. 40), sowie Blattsalate.

Dieser Rinderschmorbraten in Rotwein fand schon zu Beginn des 18. Jahrhunderts den Weg aus Frankreich in die Töpfe der Kaiserstadt, wo er flugs zum «Böflamod» eingewienert wurde – ähnlich wie man zweihundert Jahre später die Pariser Mode der Anatomie der Donauschönen anpasste …

DAMENCAPRICERL

Für den Blätterteig:
250 g Weizenmehl
250 g kalte Butter, klein geschnitten
1 Prise Salz
1 Eigelb
2 – 4 EL Wasser
4 EL Wein
(ersatzweise 450 g
tiefgefrorener Blätterteig)

Für die Füllung:
1 Eiweiß
80 g Marmelade
1/4 l Schlagobers (süße Sahne)
50 g Kristallzucker

Für den Blätterteig: 100 g Mehl rasch mit der klein geschnittenen Butter zu einem circa 2 cm dicken Ziegel verkneten. Auf Pergamentpapier legen und kalt stellen.

Das restliche Mehl auf ein Backbrett sieben. Mit Salz, Eigelb, Wasser und Wein zu einem mittelfesten Teig vermischen. Diesen sorgsam durchkneten und auf das Brett schlagen, bis er eine seidig glatte Konsistenz annimmt. Zugedeckt 1 Stunde kalt stellen.

Den gekühlten Teig zu einem Viereck ausrollen, in der Mitte etwa dreimal so dick wie an den Rändern. Den Butterziegel in die Mitte legen und die Teigränder von allen Seiten darüber schlagen (der Ziegel muss vollständig vom Teig bedeckt sein).

Dieses Paket wieder zu einem Rechteck (circa 15 x 35 cm) ausrollen, immer vorsichtig nach der offenen Seite hin. Nun die Schmalseiten des Rechtecks so zur Mitte schlagen, dass sie einander berühren. Jetzt den ganzen Teigstreifen nochmals in der Mitte zusammenklappen, so dass vier Schichten übereinander liegen und ein «Buch» bilden. Dieses eine 1/2 Stunde kalt stellen, bis der Teig wieder hart ist. Dieselbe Prozedur noch dreimal wiederholen. Den fertigen Teig kalt stellen.

(Möchte man sich diesen Aufwand ersparen, nimmt man tiefgefrorenen, kurz angetauten Blätterteig.)

Den Blätterteig 3 mm dick ausrollen und in 7–8 cm breite, beliebig lange Streifen schneiden. Auf die Längsränder mit Eiweiß jeweils einen 1 cm breiten Streifen kleben. Teigstücke mit Eiweiß bestreichen und bei mittlerer Hitze goldbraun backen.

Zum Fertigstellen des Gebäcks: Gebackene Teigstreifen erkalten lassen. Innerhalb des erhöhten Randes mit Marmelade nach Wahl bestreichen. Polsterartig das steif geschlagene, gezuckerte Schlagobers darüber geben. Diese garnierten Teigstücke mit einem scharfen Messer in 5 cm breite Schnitten teilen.

Die von Klimt in einem Brief an Emilie erwähnten «Capricerl» (s. S. 58) müssen nicht unbedingt diesem Rezept entsprochen haben – so besteht eine (bevorzugt in der Weihnachtszeit gefertigte) Variante der Damencapricerln aus Weichseln (Sauerkirschen), die in mit Zimt aromatisierte Schokolade getaucht werden. Aber eben darin liegt das Wesen weiblicher Capricen: auf charmante Weise unberechenbar zu sein, in Fragen der Konfektion wie des Konfekts.

EPILOG

Klimt war kein langes Leben vergönnt, doch sehr wohl die Kunst, es mit Freude zu füllen.

VORHERGEHENDE DOPPELSEITE:
Diese Bank lädt im Garten der Villa Paulick zur Rast ein.

GEGENÜBER:
Gustav Klimt im Alter von 55 Jahren, kurz vor seinem Tod (Photographie von Moritz Nähr, 1917).
Der Künstler, der sich als Person zu Unrecht als «nicht extra interessant» einschätzte, fand ein schlichtes Grab auf dem Hietzinger Friedhof – unweit seines Ateliers und des Tivoli, wo er täglich sein Frühstück eingenommen hatte.

Wien, 10. August 1917, abends. Ein schwerer Sturm schüttelt die Obstbäume rings um das Atelier in der Feldmühlgasse, das sich vor dem Unwetter zu ducken scheint – wie die Katzen, kleine Fellbündel, deren Augen in der Dämmerung schemenhaft aufleuchten. Die Staffelei steht verlassen, mit einem unfertigen Damenbildnis darauf, der strenge Geruch der Ölfarben, durchzogen von Duftspuren nassen Rasens, verströmt eine Ahnung der Hitze des vergangenen Tages. Sie hat dem Maler, der unterwegs zum Abendessen ist, die Arbeit nicht eben erleichtert.

Am Morgen schon hatte er Emilie aus dem Tivoli «in aller ‹Gottesfrüh› 17 Grad Reaumur» gemeldet, und dass seine Karten bei dem Wind beinahe davonflögen. Später heißt es aus dem Atelier:

«Werkstatt. Früh. Dieweilen ich diese Karte mit Hindernissen schreibe – hat sich ein Sturm erhoben – vielleicht bringt er Regen – vorläufig beutelt er die Äpfel und Birnen lustig ab. (…) Gestern nach Schöner in einer Bar gewesen. Nach 12 Uhr heimgefahren. Leises aber gemeines Schädelweh – gestern und heut. ALLERHERZLICHSTE GRÜSSE GUSTAV»

«Schöner» ist ein gutes Restaurant in der Siebensterngasse, wo er am Vorabend vermutlich mit Josef Hoffmann zusammensaß. Es ist Klimts letzter Sommer. Ars longa, vita brevis – umso wichtiger ist die Kunst, mit der man das Leben bewältigt: schaffend und genießend, wie es Klimts Motto ist. Hierzu gehören nach seiner Überzeugung «Orte, an denen das Schicksal uns genussreich sein lässt», wie das Gartenidyll des Ateliers oder die Ufer des Attersees, aber auch ein Lokal, wo man in Ruhe vorzüglich speist. All dies vollendet sich in der Gesellschaft aufgeschlossener, lebensfroher Menschen, besonders natürlich in der zärtlichen und leidenschaftlichen Zweisamkeit mit einer geliebten Frau.

Stellen wir uns Klimt noch einmal vor, am Ende eines strahlenden Sommertages im üppigen Grün des Praters sitzend. In den Blättern hängt noch die Feuchte eines erfrischenden Gewitterregens, die Windlichter auf den Tischen tauchen die Gesichter der angeregt parlierenden Künstlerrunde in weiches Licht. Auf dem Kies knirschen die Schritte des Kellners, der eilends eine neue Flasche Champagner bringt, sehr zum Entzücken der ausgelassenen, kichernden Musen. Klimts Kennerblick, bisweilen auch die Hand, kost die Konturen ihrer schlanken Leiber. Heut wird es spät, mag er sich denken, und, beim nächsten Schluck: Das ist den kleinen Katzenjammer wert …

VERZEICHNIS DER REZEPTE

SUPPEN

KALTE SPEISEN

ZWISCHENGERICHTE

HAUPTGERICHTE

DESSERTS

KLEINES GLOSSAR ZUR WIENER KÜCHE

Die Wiener Küche kürt nicht nur etwa die Tomate zur Paradiesfrucht, sondern verfügt auch über einen ansehnlichen Sprach-Schatz ausländischer Provenienz (vor allem aus dem Ungarischen und Tschechischen) sowie zahllose «küchenlateinische» Kuriosa und deftige Wendungen für extraordinäre kulinarische Zustände, wie gleich das erste Beispiel zeigt ...

anschlampen sich nach Leibeslust betrinken und atzen
Backhenderlfriedhof ironisch-makabre Umschreibung stattlicher Leibesfülle
Baumwollsuppe textile Metapher für die Eintopfsuppe, bei der ein Tropfteig aus Wasser und Mehl als Einlage mitgekocht wird
Biernigl starker Biertrinker (bis -säufer)
Bischof mitraförmiger Bürzel des Geflügels
Bröselteppich, Bröselgeier despektierliche Bezeichnungen für zwei panierte Klassiker: Wiener Schnitzel und Backhenderl
Durri-Durri (von ital. *duro* = hart) fliegender Hartwursthändler beim Heurigen, auch Salamudschi genannt
Einspänner 1. einzelnes Wiener Würstl;
2. Kaffee mit Schlagobers und Puderzucker, im Glas serviert
Einschiebspeise Zwischengericht
Faschiertes Laberl dem Berliner als «Bulette» bekannt, dem Bayern als «Fleischpflanzl»
Feinspitz Feinschmecker
Fischbeuschelsuppe Suppe aus Karpfeninnereien, die von der radikalen Tendenz der Wiener zur Verinnerlichung zeugt (wie auch Beuschel und anderes)
Fisolen grüne Bohnen. Aufgrund des vorherrschenden Menüplanes nannte man früher die Zöglinge der Kadettenanstalten «Fisolenbuben».
Frankfurter Würstel heißen die Wiener Würstel in Wien (wo man sicher kaum weiß, dass die ganz echten Frankfurter Würstel aus Neu-Isenburg kommen).
Goglmogl Zitronensaft mit Eigelb und Zucker – eine Spezialität der Altwiener Limonadenhütten
Großer (oder kleiner) Brauner Kaffee mit etwas Milchschaum
Großer (oder kleiner) Schwarzer Kaffee ohne Milch oder Sahne
Häuptelsalat Kopfsalat
Indianerkrapfen mit Schokolade und Marillenmarmelade überzogene Biscuithalbkugeln, mit Sahne gefüllt – mutiert nördlich der Alpen «ethnisch» zum «Mohrenkopf»
Jourgebäck jedwedes Kleingebäck, nicht nur für die verwöhnten Zungen der «Jourdamen»
Kapuziner Mokka mit etwas Milch oder Schlagobers
Mazagran Kaffee mit Maraschino-Likör und Gewürzen, mit Eiswürfeln oder zerstoßenem Eis im Glas serviert
Melange Kaffee, vermischt mit Milch und/oder Schlagobers, bei der Kaisermelange mit Eigelb, Honig und Weinbrand
Käsekrainer mit Käsewürfeln gespickte Grillwurst
Kapernsauce mit Sauerrahm gebundene Einbrenne mit Zwiebeln, Kapern und Petersilie – klassische Beilage vorwiegend zu Rind- und Lammfleisch
Karfiol Blumenkohl
kifln (bei Backhenderl etc.) am Knochen nagen
Kremser Senf ursprünglich aus Krems an der Donau stammende Spezialität, klassische Beilage zu Wiener Würsteln
Küniglhas Kaninchen. Hat nichts mit dem «Nigl» (siehe dort) zu tun – oder doch?
Lungenbraten Rinderlende oder Rinderfilet. In der Altwiener Küche eine Roulade in Rahmsauce, gefüllt mit Schneidsemmeln, Gansleber, Kalbs- und Schweinehaschee. Innereienempfindliche können also aufatmen und müssen beim Lungenstrudel durchatmen – denn diese beliebte Suppeneinlage enthält tatsächlich, was sie verspricht.
Mandelbusserl Makrone
Marille im Wiener Umland und der Wachau seit dem 17. Jh. nachgewiesene, sehr delikate Aprikosensorte, vielfältig verwendet bei Mehlspeisen (Busserln, Strudel, Torten etc.)
Maurerforelle aufgeschnittene Knackwurst mit Zwiebelringen.
Melanzani Auberginen
Millipitschen Milchkanne
Murken (w.) Salatgurke
Nagl 1. Gewürznelke; 2. kleiner Rest
Nigl Wiener Typus des gargantuesken Genussmenschen, auch Frissnigl
Panade heißt in der Wiener Küche ein Brandteig, die Hülle des Wiener Schnitzels dagegen Panier – bei den Rezepten im Buch steht jeweils die hochdeutsche Version, um Verwirrung und Hasenpanier zu vermeiden.
Paradeiser Tomate
Pariser weiblich, und eine Wurstsorte – «honi soît qui mal y pense».
Phäake Genussmensch Wiener Art, bekannt durch ein Gedicht Josef Weinhebers, der sich wiederum auf Friedrich Schiller berufen konnte
Plempl schales Bier, auch allgemein für schlechtes Getränk
Powidl tiefdunkles Pflaumenmus, ohne Beigabe von Zucker oder Geliermittel gekocht, präsent etwa in den Powidltatschkerln, mit Powidl, Rum, Zucker und Zimt gefüllten Taschen aus Erdäpfelteig
Quargelsturz Käseglocke
Schanigarten Freischankfläche eines Lokals, angeblich zurückgehend auf den Cafetier Gianni Tarroni, der hier um 1750 als Pionier wirkte
schlampampen schlemmen
Schmecker altwienerisch für Nase
Schöberl gebackene Suppeneinlage in zahllosen Variationen, etwa als Hirnschöberl
Selchfleisch Räucher- oder Pökelfleisch
Sodaliske Verkäuferin von Sodawasser (altwienerisch)
Tellerschlecker Schmarotzer
Zuckergoschl Naschkatze
Zuckerkandl Kandiszucker
Zwiefelliesel Naschmarktweib

BIOGRAPHISCHE DATEN

1862

14. Juli: Geburt Gustav Klimts in der Linzerstraße 247 in Wien-Baumgarten als Sohn des Graveurs Ernst Klimt (1834–1894) und seiner Gattin Anna, geb. Finster (1836–1915).

1876–1883

Gustav besucht die Kunstgewerbeschule des Österreichischen Museums für Kunst und Gewerbe in Wien, wo Ferdinand Laufberger (1829–1881) sein Talent entdeckt und fördert. Sein Bruder Ernst (1864–1945) tritt im Folgejahr in dieselbe Schule ein.

1880 ff.

Die Klimt-Brüder gründen mit Franz Matsch (1861–1942) eine Ateliergemeinschaft, die zahlreiche Ausstattungsaufträge erhält. Zusammenarbeit mit den berühmten Theaterarchitekten Fellner und Helmer (u. a. Deckengemälde im Kurhaus von Karlsbad).

Ausstattungsaufträge für die beiden Treppenhäuser des neu errichteten Wiener Burgtheaters (1886–1888) und des Kunsthistorischen Museums (1890/91) bringen der Gemeinschaft großen Ruhm (u. a. das Goldene Verdienstkreuz des Kaiserhauses).

1892

Nach dem Tod Ernst Klimts am 9. Dezember durch einen Schlaganfall (im selben Jahr wie sein Vater) wird Gustav Vormund von dessen Töchterchen Helene, gen. Lentschi (1892–1980).

1895

Bei der Einweihung eines Denkmals für den Maler Emil Jakob Schindler erste Begegnung mit dessen Tochter Alma (später: Mahler-Werfel).

1897

Klimt, Gründungsmitglied der Secession, wird deren erster Präsident.

14. April: Erste erhaltene Korrespondenz mit Emilie Flöge (1874–1952), mit der Gustav den Sommer in Fieberbrunn/Tirol verbringt.

1898

Die erste Ausstellung in Joseph Maria Olbrichs neu errichtetem Secessionsgebäude wird zum durchschlagenden Erfolg, Klimt erneut zum Präsidenten gewählt. Für die großformatigen Fakultätsbilder für die Aula der Universität mietet er ein zweites Atelier in der Florianigasse.

1900

Die «Philosophie», auf der Secessionsausstellung von den Professoren heftig kritisiert, wird auf der Pariser Weltausstellung mit einer Goldmedaille ausgezeichnet.

Erste gemeinsame Sommerferien Gustavs mit der Familie Flöge am Attersee.

1901

Auch das zweite Fakultätsbild «Medizin», die Darstellung einer nackten Schwangeren, erregt Empörung bei der Secessionsausstellung und verhindert Klimts Ernennung zum Akademieprofessor.

1902

Für die XIV. Secessionsausstellung zu Ehren von Max Klingers Beethoven-Statue gestaltet Klimt seinen 24 Meter langen «Beethoven-Fries» (Abb. S. 87), den Auguste Rodin bei einem Besuch der Ausstellung bewundert, während er Klingers Skulptur ignoriert.

1903

Reise nach Venedig und Ravenna, wo Klimt besonders die frühchristlichen Mosaiken stark beeindrucken, die seinen «Goldenen» Stil beeinflussen.

Mai: Gründung der Wiener Werkstätte durch Josef Hoffmann (1870 bis 1956), Koloman Moser (1868–1918) und Fritz Waerndorfer (1868–1939).

Sommeraufenthalt mit der Familie Flöge am Attersee.

Im November ziehen die Schwestern Flöge in die Casa Piccola in der Mariahilfer Straße, wo sie im Folgejahr ihren Modesalon eröffnen (bis zur Schließung im Jahre 1938 eine der führenden Adressen). Die Einrichtung stammt aus der Wiener Werkstätte.

1904

Der belgische Industrielle Adolphe Stoclet beauftragt Josef Hoffmann und die Wiener Werkstätte mit der Errichtung seines Palais in Brüssel, für dessen Esszimmer Klimt einen Marmorfries entwirft (Abb. S. 2).

1905

Klimt zieht seine umstrittenen Fakultätsbilder endgültig zurück, wobei er mit Hilfe seines Mäzens August Lederer das Honorar zurückzahlt. Nach längeren Auseinandersetzungen tritt er mit einer Künstlergruppe – darunter Josef Hoffmann und Otto Wagner – aus der Secession aus.

1906

Reise zu Stoclet nach Brüssel und nach London.

1907

Oktober: Eröffnung des Cabaret «Fledermaus» in der Kärntner Straße mit dem Stück «Masken» von Peter Altenberg, dessen Kostüme Klimt entworfen hatte.

November: Reise nach Berlin, wo die Fakultätsbilder ausgestellt werden. Bekanntschaft mit Egon Schiele (1890–1918), den er stark beeinflusst.

«Bildnis Adele Bloch-Bauer I» (Abb. S. 11).

1908

Die Klimt-Gruppe organisiert die Kunstschau, auf der erstmals die neue Generation der Expressionisten (darunter Oskar Kokoschka) der Öffentlichkeit präsentiert wird. Den Mittelpunkt des repräsentativen Klimtsaals bildet sein Gemälde «Der Kuss» (Abb. S. 65), das die Moderne Galerie in Wien erwirbt.

1909

Eine Parisreise liefert Klimt zahlreiche Anregungen und markiert das Ende seiner «Goldenen Periode».

1910 ff.

Teilnahme an der 9. Biennale von Venedig (1910), der Internationalen Kunstausstellung in Rom (1911) und der Großen Kunstausstellung in Dresden (1911).

Da sein altes Atelier in der Josefstädter Straße (seit 1892) abgerissen wird, zieht Klimt 1911 in die Feldmühlgasse 10 in Hietzing.

1918

11. Januar: Klimt erleidet einen Schlaganfall, stirbt am 6. Februar und wird drei Tage später auf dem Hietzinger Friedhof beigesetzt. Der Nachlass des Künstlers wird unter seinen Geschwistern und Emilie Flöge aufgeteilt.

Literaturhinweise (Auswahl)

Brandstätter, Christian, *Klimt und die Mode*, Wien (Brandstätter) 1998.
Breicha, Otto (Hrsg.), *Gustav Klimt und die goldene Pforte*, Salzburg (Galerie Welz) 1978 (Neuaufl. 1985).
Fischer, Wolfgang G., *Gustav Klimt und Emilie Flöge. Genie und Talent, Freundschaft und Besessenheit*, Wien (Brandstätter) 1987.
Koja, Stephan (Hrsg.), *Gustav Klimt. Landschaften*, München (Prestel) 2002.
Natter, Tobias G., *Die Welt von Klimt, Schiele und Kokoschka. Sammler und Mäzene*, Köln (DuMont) 2003.
Natter, Tobias G., und Frodl, Gerbert, *Klimt und die Frauen*, Köln (DuMont) 2000
Nebehay, Christian M., *Gustav Klimt*, München (dtv) 1976 (nach: ders., *Gustav Klimt Dokumentation*, Verlag der Galerie Christian M. Nebehay, Wien 1969).
Rennhofer, Maria, *Kunstzeitschriften der Jahrhundertwende in Deutschland und Österreich 1895–1914*, Wien (Brandstätter) 1987.
SECESSION LXXXVIII, *Inselräume. Teschner, Klimt und Flöge am Attersee,* Seewalchen a. A. 1988/89 (Neuaufl. 1989).
Sinhuber, Bartel, *Zu Gast im alten Wien*, Wien (Amalthea) 1997.
Stooss, Toni, *Gustav Klimt*, Stuttgart (Hatje) 1992.
Wagner, Christian, *Die Wiener Küche*, Frankfurt (Insel) 1998 (Originalausgabe: Wien [Franz Deuticke] 1996).
Sotheby's, *Gustav Klimt & Emilie Flöge: Artist and Muse*, London 1999 (Katalog der Auktion des Nachlasses von Emilie Flöge am 6. Oktober 1999).
Steine sprechen. Zeitschrift der Österreichischen Gesellschaft für Denkmal- und Ortsbildpflege in Verbindung mit dem Verein Gedenkstätte Gustav Klimt, Nr. 118a (Februar 1999), Wien.
Steine sprechen. Zeitschrift der Österreichischen Gesellschaft für Denkmal- und Ortsbildpflege, Nr. 124/125 (August 2000), Wien.

Danksagung

Verlag und Autoren danken herzlichst folgenden Personen für ihre Unterstützung beim Zustandekommen dieses Buches:

Claudia Banholzer (München); Irene Bauer-Conrad (München); Nikolaus Deesy von der Porzellanklinik Schwabing (München); Monika Fahrenson, Antiquitäten (München); Karl Fischer, Antiquitäten (Wien); der Französischen Botschaft in Wien; der Familie Friese vom Restaurant «Zum schwarzen Kameel» (Wien); Irene und Josef Lipshic, Antiquitäten (München); Erika Messner von der Villa Paulick (Seewalchen am Attersee, Oberösterreich); Karl Pfefferle, Werkstatt für Rahmen und Restaurierung (München); Dr. Helmut Raftl vom «Lusthaus» im Prater (Wien); dem Heurigenlokal Schübel-Auer (Nussdorf bei Wien); Gudrun Schultheiss, Antiquitäten (München); Manfred Staub vom «Café Sperl» (Wien); Dr. Ursula Storch vom Historischen Museum der Stadt Wien; Marion und Erich Tiefenbacher vom Restaurant «Herzog von Burgund» (Neuss).

Abbildungen Titelei:

S. 2: Gustav Klimt, *Der Rosenstrauch*, Detail aus dem *Stoclet-Fries*, um 1908, Museum für angewandte Kunst, Wien.
S. 4: Gustav Klimt, Photographie von Moritz Nähr, um 1908.

Bildnachweis

AKG, Berlin: 25 oben, 49 (Foto: Erich Lessing), 79;
Albertina, Wien: 4;
Artothek, Weilheim: 113;
Galerie Welz, Salzburg: 27, 50, 214;
Imagno/Austrian Archives, Wien: Umschlag Rückseite, 2, 8, 14, 56, 63, 82, 106, 115, 145, 158, 186, 206, 209, 216, 225;
Österreichische Nationalbibliothek, Wien: 12, 22, 23, 25 unten, 33, 53, 85, 112, 117, 151, 153, 211;
Österreichische Galerie Belvedere, Wien: 11, 37, 65, 77, 87, 111, 116, 189, 193, 213.

Alle übrigen Landschaftsaufnahmen, Innenbilder, Foodphotographien, Stilleben und das Titelphoto: Isolde Ohlbaum.

www.collection-rolf-heyne.de

Umschlaggestaltung: Jürgen Welte, München
Buchgestaltung: Hauptmann und Kampa Werbeagentur, München - Zürich
Layout und Satz: Elisabeth Petersen, München
Redaktion und Biographie: Dagmar Lutz, München
Herstellung: Karlheinz Rau, München
Litho: Reproline Genceller, München
Druck und Bindung: Appl, Wemding

Printed in Germany

ISBN 3-89910-177-4

GUSTAV
KLIMT